佐川 旭

# 住まいの思考図鑑

豊かな暮らしと
心地いい間取りの仕組み

X-Knowledge

# はじめに

いま、住まいづくりを考えている人へ

## 住まいは愛着をもって育てていくもの

一般に、一戸建て注文住宅を建てる人の平均年齢は40歳前後。きっかけは子どもの成長など、家族形態の変化によるところが大きいと考えられます。日本人の平均寿命を考慮すれば、40〜50年は長持ちする住まいづくりが求められます。耐久性はもちろん、家族の変化に対応して、部屋の用途や間取りを変えやすい住まいかどうかも、検討しておく必要があります。また、長く住めるようにするために、どんな材料でつくったらいいかという問題もあります。手入れしがいのある材料を使えば、時間と共に経年美も感じさせてくれるようになるでしょう。そして、住まいを「育てる」という気持ちも芽生えてくるかも知れません。

かつての日本の住文化には、そうした長く住み継ぐ暮らしの智恵や工夫が様々ありました。人間に心地よさを与える住まいには、昔も今も変わらない理由があります。そのことを知り、ぜひ現代の住まいづくりにも生かしてほしいものです。

## 1000本ノックを受ける心構えは？

野球で1000本ノックと言えば、打者役が打ったボールを捕球し、速やかにホームベースまで戻す。この一連の動作をノック1本とし、これを1000回続けることです。気の遠くなるようなトレーニングです。

住まいづくりにも、少し似たようなところがあります。建物が完成するまでに、設計者から700〜800ぐらいの質問を受け、その一つひとつを考え、選択していかなければならないからです。まさに思考の連続作業が求められるのです。

たとえば夫婦であっても、これまで見てきたものや人生観は、一致するとは限りません。むしろ、住まいづくりは二人の間のズレをあぶり出すきっかけにもなり得ます。だからこそこの機会をとらえ、あらためて人生設計を話し合うことが大切。また、そもそもその前に、自分を知ることから始めなければなりません。そうすることで、捨てるべきもの、大切に持ち続けていきたいものが何かを、見抜く力が養われていきます。

## 住まいづくりは生き方の思考

情報過多の社会において、時には人はつい情報に振り廻されてしまいがちです。知識が多い分、本来自分が求めているものに、なかなかたどり着けないこともあるでしょう。住まいづくりでは、迷ったり悩んだりした際に、一度立ち止まって整理し、思考してみることが大切です。そんな時、本書が少しだけ背中を押す役割を担う、ガイドブックになれればうれしいです。

佐川　旭

# 住まいの思考図鑑

目次

## 01 生きる、暮らす、家を持つ

### 後悔のない家を手に入れる

# 家の居心地の良さはルーツにあり

## 心地よさには理由がある

# 03

# 暮らしに合ったハコを考える

## 長く愛せる家のつくり方

# もし「〇〇〇」のある家をつくるなら

## メリット・デメリットを考えよう

イラスト＝加納徳博
デザイン＝川名 潤（prigraphics）
編集協力＝松川絵里
編集＝別府美絹（xknowledge）

# 生きる、暮らす、家を持つ

## 後悔のない家を手に入れる

# 「家って何だろう」から出発する

## 人生を無理なく航海できる身の丈にあった船がいい。

設計の仕事をしていると、時々家の解体に立ち会うことがあります。一般的な木造2階建てであれば、一週間ぐらいであっけなく姿を消してしまいます。そんな時にふと「家って何だろう……」と思うのです。

自然を愛した作家ヘミングウェイは「家は家であると共に船のようにも思えた」という一文を著作の中で書いています。人生を航海に例え、時間という海に家を浮かばせ、どんな航路を進んでいくのか？　そう問いかけているのでしょう。

航海には、嵐の日もあれば晴れの日もあるでしょう。家という船は、いつの時代も自然と文明の嵐や荒波に耐えるという役割も担っています。それには厳しい自然に耐えられる船でなければなりません。あまり小さな船では心もとないし、そうかといって軍艦のようではコントロールしづらい。やはり、家族が乗れる広さで自由にコントロールができる、身の丈にあった船がよいのです。

## 家はこんなふうにも例えられます

「念願のマイホームを手に入れる！」その時どんなイメージが浮かぶでしょうか。

### 愛の巣をつくる

愛し合う２人が愛を育む場でもある住まいを、鳥がつくる巣に例えている。

### 一国一城の主

現代社会では、主に自分の一戸建ての家を持つ人の意味で使われることがある。

### 狭いながらも楽しいわが家

1920年代のヒット曲「私の青空」の歌詞の一部より

家族の団らん、夕暮れに家路へとつくひとときを唄っている。

# そもそも、家の果たす役割って？

家族を守り、安心をつくる。みんな当たり前に住んでいる家だが、家づくりのスタートラインとして、その原初的な意味を一度振り返ってみるのもいいだろう。

### まちをつくる

まち並みの一部となって景観をつくる

### 自然災害から守る

家族の生命や生活、財産を守る

### 家族が育つ

自分の存在や成長を育む

### 日常の生活を支える

快適な環境をつくり出し日常生活を支える

# 家は選ぶものではなく、つくるもの

標準仕様はない。自分の想いをかたちにしよう！　車を買うような感覚で、お仕着せの家を買うだけではつまらない。自分らしさや欲しいもの、好きなことを家づくりに盛り込んで、世界にたったひとつしかない家をつくろう。

外観に凝る
切妻の大屋根がほしい……
美を感じさせるところをつくる
窓のある床の間、外に竹やぶがあるといいな……
創意工夫で個性を出す
室内に木を植えて個性的な空間にしたい……
経年の美しさを意識する

使うほどツヤがでる本物の素材を使いたい……
既製品よりも手仕事の温もりが欲しいな……


手づくり感を盛り込む

**身の丈にあった大きさの家で、自分の想いをかたちにしよう。**

# 家づくりは自分を知ることから

## キャッチボールの相手は自分自身です。

「どんな家がいいですか？」。この質問に、具体的なイメージを持って答えられる人は多くありません。しかし、イメージしなければどこにでもあるような魅力に乏しい家になり、満足することはないでしょう。

家づくりは、自分の人生に対していくつもの質問状を受け取ることです。私たちは、どれだけ自分のことを知っているでしょうか。例えば自分を説明する言葉を20項目書き出そうとしても、なかなか書けないのでは？　自分自身に質問を投げかけてはじめて、解答を引き出すことができるようになるものです。

そのように、自分が心の中で何を望んでいるかを見つけ出して家づくりに反映させることで、日々の暮らしを充実させ、家族の心を豊かにし、一生愛着を持ち続けられる住まいを実現することができるのです。

流行のデザインではなく、いつまでも記憶に残るデザインを心がけたなら、子の代にも魅力ある住まいとして受け継がれることでしょう。

# 自分に質問を投げかけてみたら?

## 私って、どんな人?

たとえば……

1.自分の長所は◯◯だ。
2.自分の短所は◯◯だ。
3.好きな言葉は◯◯だ。
4.好きな色は◯◯だ。
5.好きな外国は◯◯だ。

思いつくまま10個書いてみよう!

1.
2.
3.
4.
5.
6.
7.
8.
9.
10.

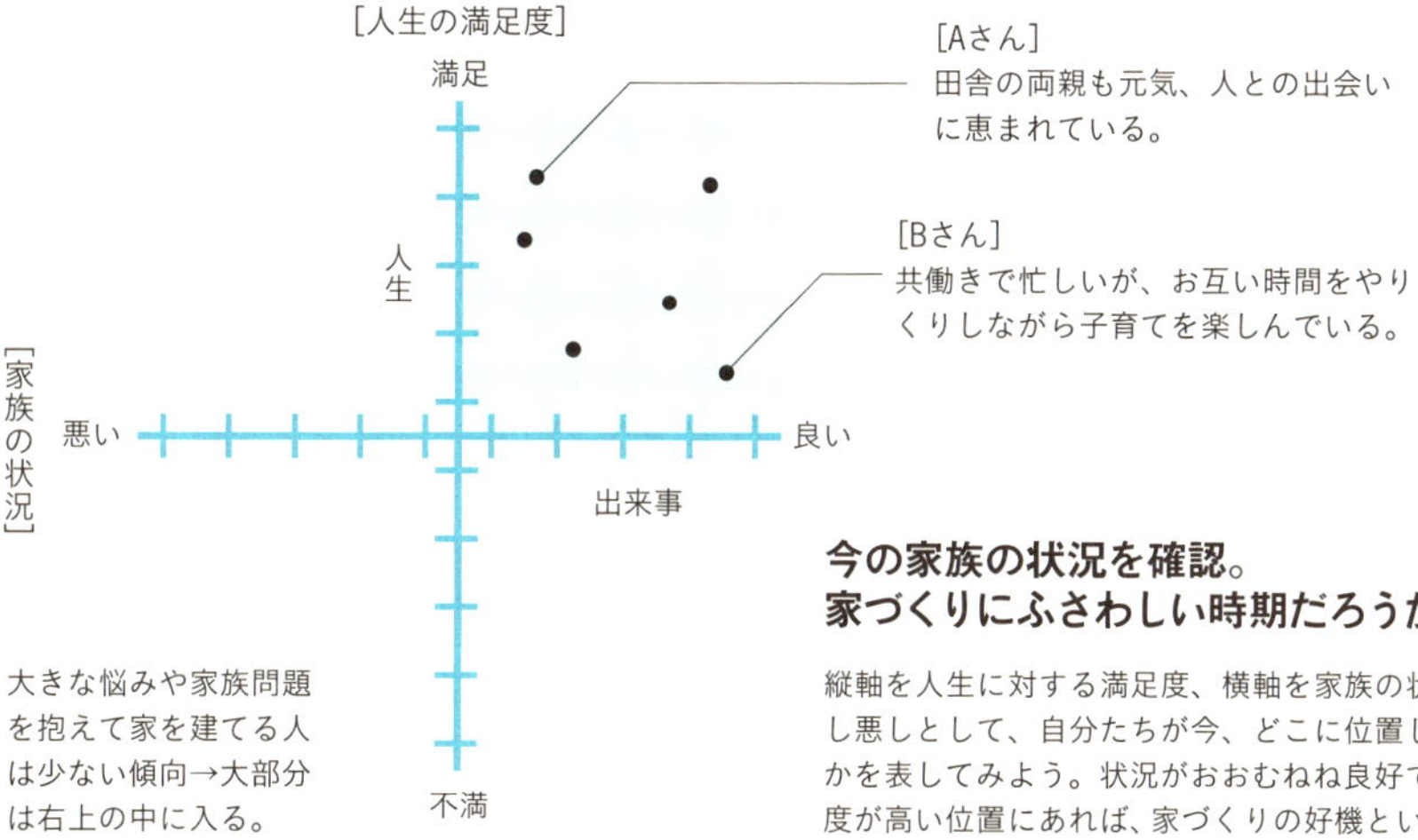


### 今の家族の状況を確認。家づくりにふさわしい時期だろうか?

縦軸を人生に対する満足度、横軸を家族の状況の良し悪しとして、自分たちが今、どこに位置しているかを表してみよう。状況がおおむね良好で、満足度が高い位置にあれば、家づくりの好機といえる。

# 過去の思い出に、家のヒントがあるかも……

自分がどんなスタイルの住まいを望んでいるかがわからない……という人は、過去の体験や記憶をたどってみよう。「ああいう場所が好きだったな」という思い出が、好みを突き止めるきっかけになるかもしれない。

●子どもの頃、家族の思い出で楽しかったことは？

●子どもの頃、住まいの中で好きだったのはどんな場所？

●大人になってから居心地がよかった空間はどんなところ？

●居心地が悪かった空間とはどんなところ？

●一番安心できる場所って、どんな場所？

家族でバーベキュー、もっとしたいと思ってた……
➡ちょっとしたテラスがあるといいな

押し入れの中に入ると妙に安心したな……
➡こもれるような小さな空間もあっていいかも

# （これからを想像すると、欲しい家がわかるかも…）

「行為」や「時間」など、さまざまな角度から望ましい生活のシーンを想像してみることで、欲しい空間のイメージが見つかるかもしれない。

●住まいの中で、これだけにはこだわりたいというものは？

●くつろぐ時間帯には何をしたい？

●住まいの中で最も大切にしたいところはどこ？

●外から帰った時、最初にしたいことは？

●新居にどうしても置きたい家具はある？

オープンキッチンで一緒に料理、家族でおしゃべりしたい……

天気のよい日にデッキでピクニックができたら……

**満足度の高い家づくりができる人は自分自身をよく知っている人です。**

# 家族で共有するもの、できないもの

## 一緒だから安心、別々だから充実。

「家族の気配がいつも感じられる家が欲しい」。そんなオーダーがよくありますが、いつもべったりでは窮屈なときもあります。仲良し家族でも、付かず離れず、ちょうどよい距離感が必要なときがあるのです。

住まいの中の生活行為は、共有するものとできないものに分けられます。共有するものには、食事や団らん、共有できないものには就寝や趣味の活動などがあります。私たちが落ちついて安心して生活できるのは、そこに快適な環境があるだけでなく、自分の居場所を確認できているからです。

居場所の多くは家族共有だと思いますが、共有できないプライベートな生活スペースも重要です。例えば自分のスペースに自由に家具をレイアウトし、思い出の品を飾りつけたりすることで、好みの生活空間をつくることができます。そうした空間とは心理的な結びつきが強くなり、自分の存在を包み込んで心を安定させてくれるのです。家族が共有できないものも大切にすることで、個の充実が図られ、同時に家族とともに過ごす時間もいっそう楽しいものになります。

# ( いつも、一緒にいたいわけじゃない )

家族と一緒に過ごす場所と同じくらい、一人になれる場所が大切なこともある。その場所同士を、どういった関係性で並べるか。それは、家族のあり方によって大きく変わってくるだろう。

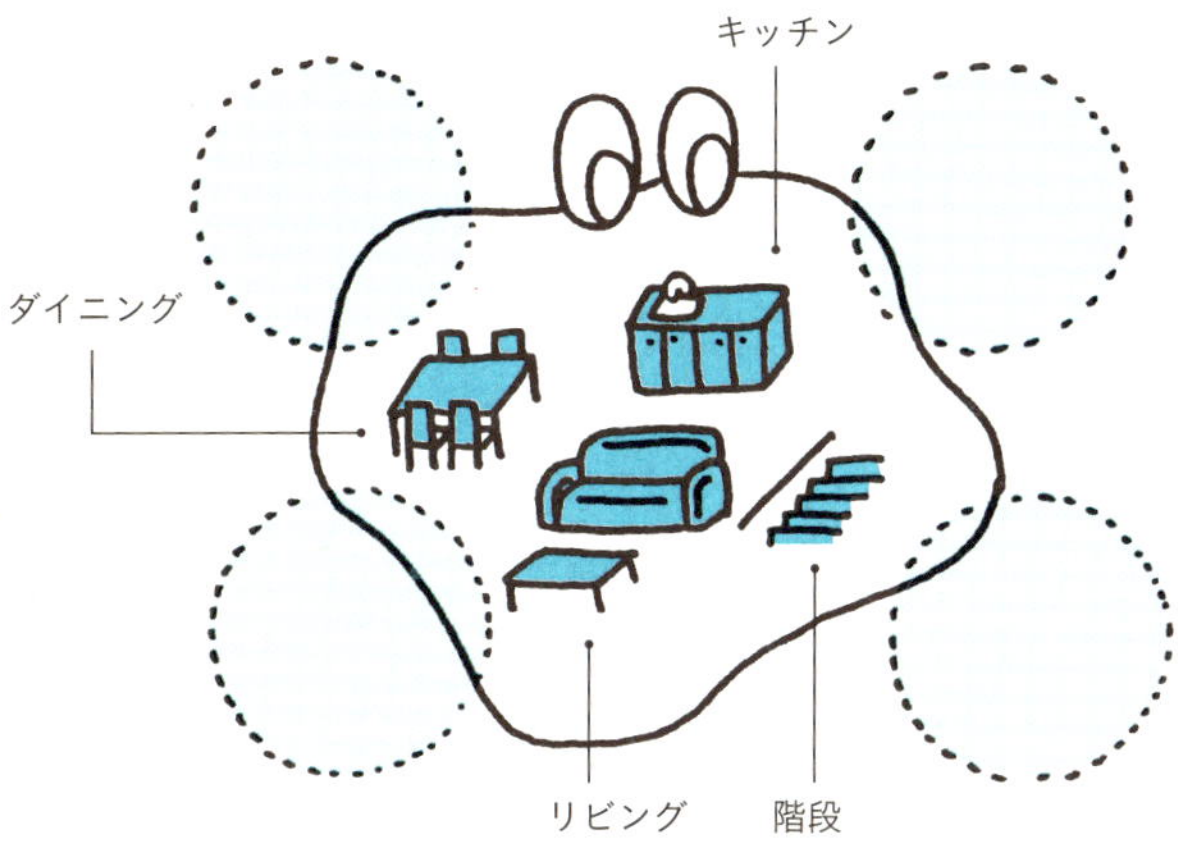


**共有するもの**

共有するものには、リビングやダイニングを始め、階段や玄関、水回りが挙げられる。それらが間取り計画の骨格となる。

**共有できないもの**

共有できないものには、何があるか。個性が反映される場所は独立した空間を望む場合が多いだろう。書斎を例に挙げると、一人きりの時間を確保したい場合は、家族の集まる部屋から遠い場所に、壁で隔てて配置するが、家族との関わりを保ちたい場合は、はっきりと隔てずに共有空間に隣接させるとよい。

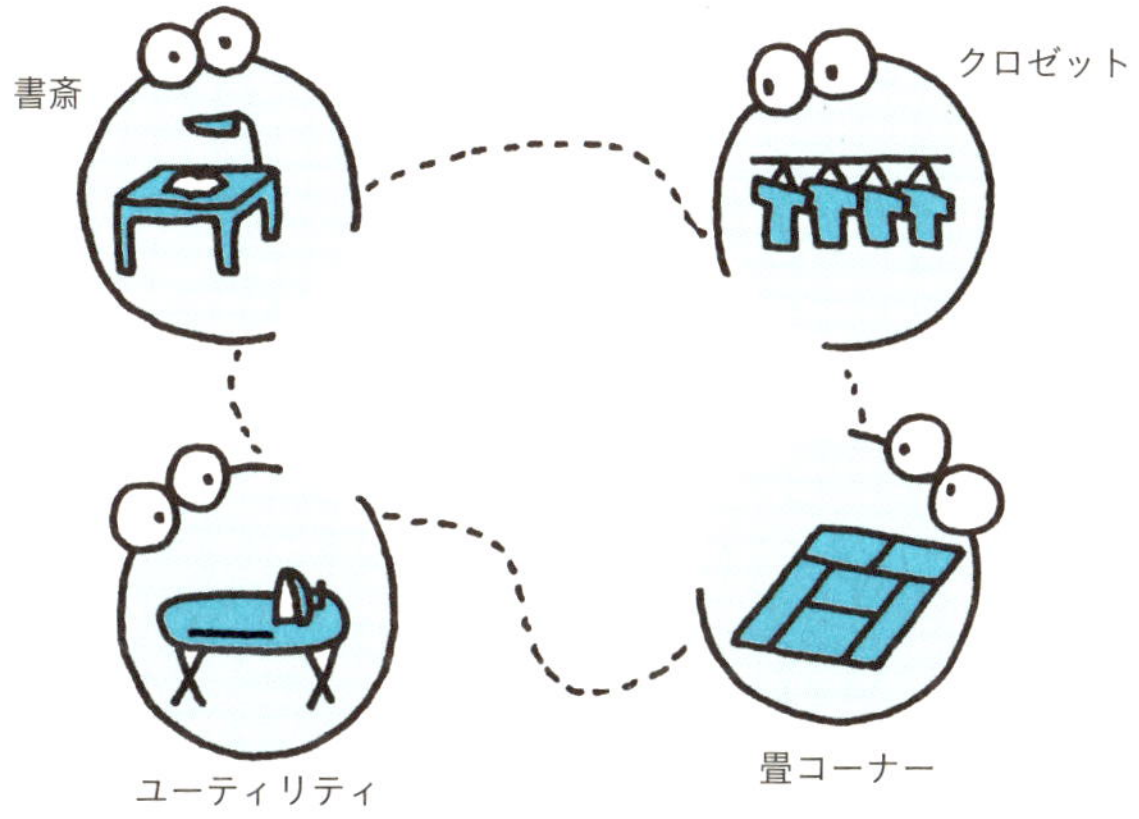


**共有するもの、できないものを、**
**分析してみよう。**

# 家族の変化に対応できる家にする

いずれ子ども部屋に
子どもはいなくなる。

自分の家には誰もが大切に永く住みたいと思い、エネルギーをかけて家づくりに取り組むものです。しかし歳月が過ぎるうちに、不具合や傷みが発生したり、生活とのズレも生じ、使いにくくなったりもします。また、インターネットの普及に象徴されるようなＩＴの発達など社会環境の変化によって、住まいも変化せざるをえない場合が出てきます。

　最も多くの人たちが対応を迫られる現象は、生活スタイルの変化かもしれません。例えば、子どもが小さいうちは妻が家にいたけれど、大きくなれば夫婦共働きになるかもしれない。そうなると、パントリーや家事室の確保、窓の防犯性などにも配慮が必要になるでしょう。また、子どもは一人でいいと考えていた夫婦が、二人目を授かる場合もあります。将来、年老いた両親と同居を始めるかもしれません。

　誰しも予測ができない人生。家に合わせて暮らして行くのは難しい。そこで、暮らしに合わせて、ある程度自由に変化させられるような柔軟性を持たせることが、永く住める家をつくるコツだと言えます。

# （5年ごとに変わる家族のかたち）

子どもの成長や夫婦の高齢化は、留まることなく常に進行する。それに伴い、ものは増減するだろう。また、ものだけでなく「コミュニケーション」や「時間」など、かたちを伴わないものの増減も考慮してみよう。書き出してみると、最初にかっちりつくり込んだ方がいいものと、ゆるく考えておいた方がいいものが見えてくる。

**増えたり減ったりするもの**

（増えるものの例）
- 思い出の品
- 衣類
- 趣味の道具類
- 家族　など

（減るものの例）
- 子どもとの時間
- 自分の時間
- 子どもの道具
- 夫婦の会話　など

1年〜5年後—6年〜10年後

夫婦２人、それとも…？

？

# 変化に応じられる間取りのつくり方

後々取り払える壁をつくっておけば、状況に応じた間取りの変更が容易になる。しかし、建物の耐震性を担う壁は、簡単に取り除くことはできない。強度と関係のない壁がどれなのかが分かっていると、生活スタイルの変化に対応するリフォームのときに役に立つ。

## リビングと和室の間

リビングと和室の間の壁を一部外せると、ぐるりと回れて使いやすい間取りに変えられる。

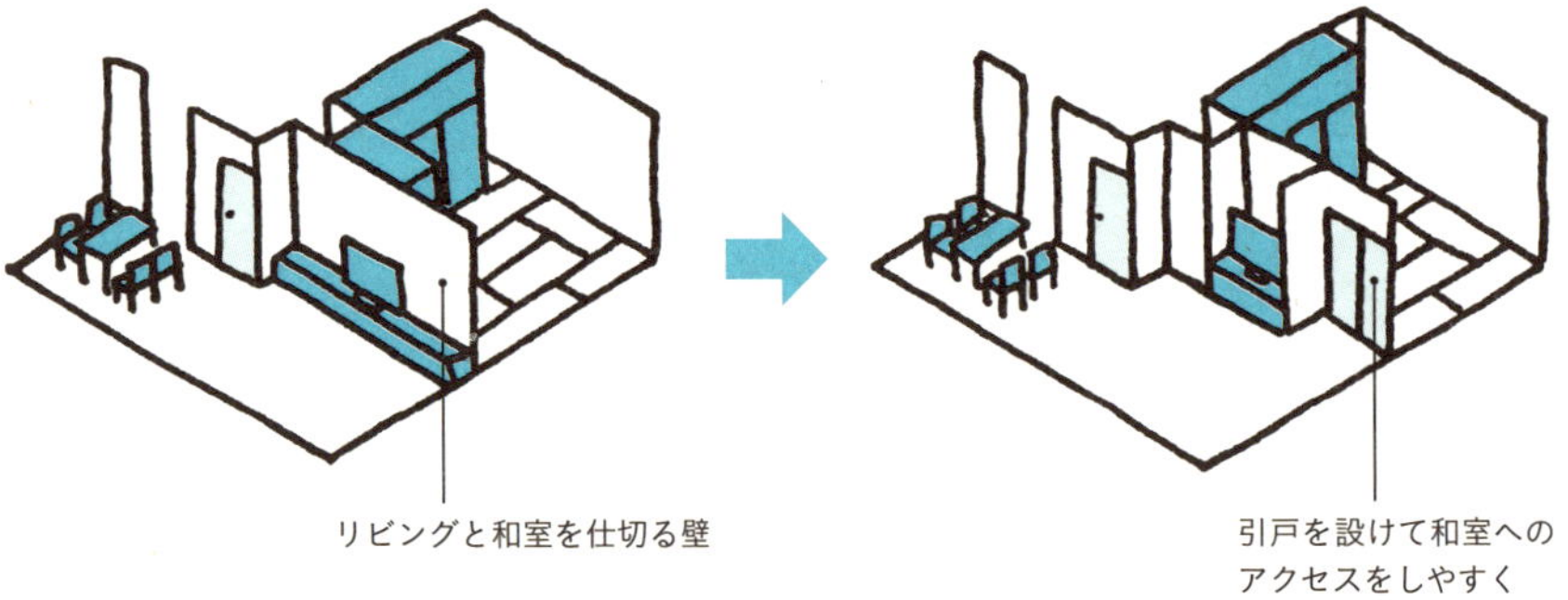


## 洗面脱衣室とトイレ

洗面脱衣室とトイレの壁をなくすことができれば、将来、介護が必要になった際に広く動きやすくできる。

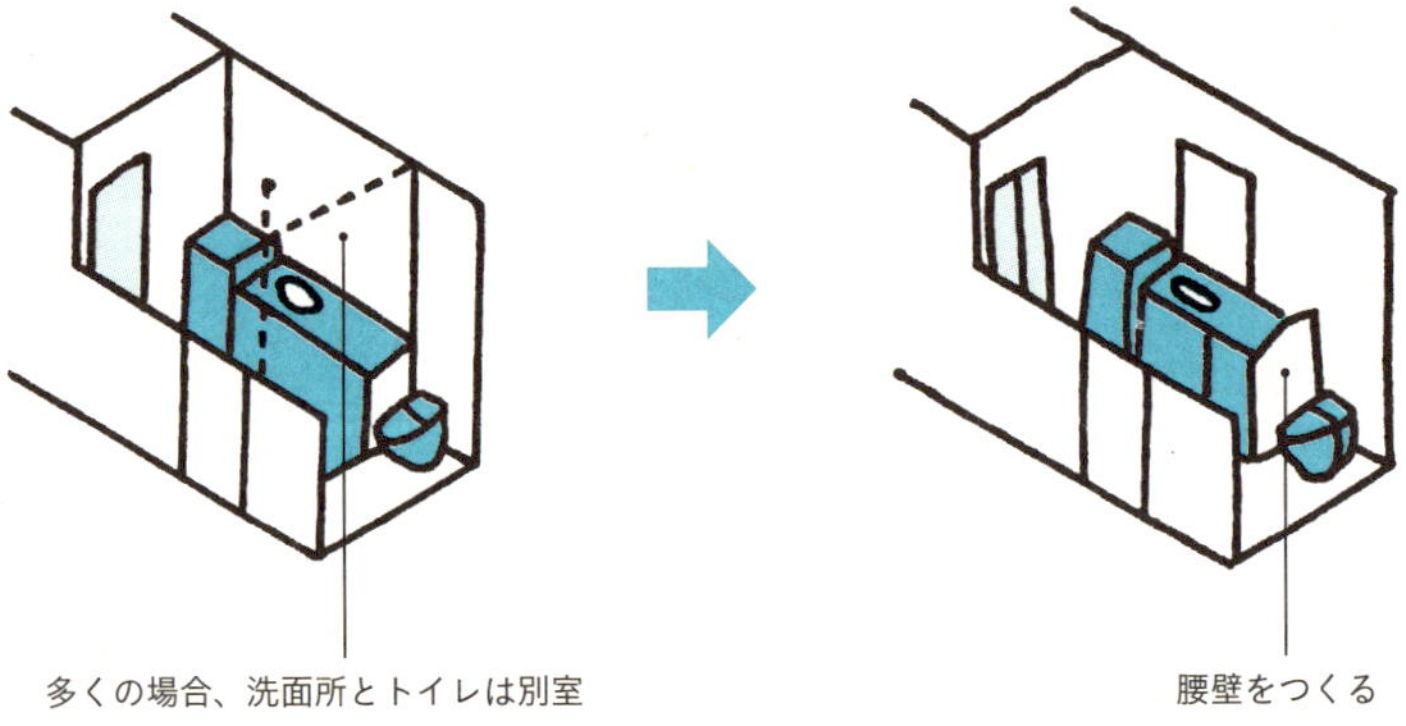

# 夫婦2人になったときのお楽しみをとっておく

20年も経てば、子どもは巣立ち、夫婦2人の暮らしが長く続く。そうなったときを想定した家のつくりにしておけば、人生の楽しみが広がるだろう。歳をとることが、不安から期待に変わるかもしれない。

### リタイアしたら家庭菜園がしたいな……

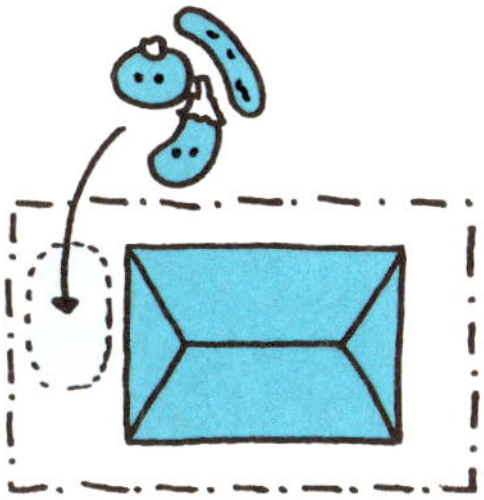

敷地に日当りのよい空きスペースを残す配置計画をする。

### ゆとりができたら薪ストーブを置きたいな……

置き場所を想定して間取りに組み込んでおけば、いざ置くときに煙突工事などもスムーズにできる。

### 趣味を生かした教室を開きたいな……

リビングは、教室になることを想定して玄関の近くに配置。大勢の人が集まった時も窮屈に感じないよう、天井を高くしておく。

### 読書やパソコンに集中できる書斎が欲しいな……

子ども部屋の収納を、本棚と机にリフォームして書斎に。ロフトは、趣味の道具の置き場所や夫婦のお昼寝スペースに。

**家族の変化に対応できるような緩やかさを、住まいに持たせておけたらベスト。**

# 「共同体感覚」を取り戻す

選手宣誓
私たち家族は
ここに住むことを
決めました。

かつて日本の家づくりは、地域の人々が助け合って資材調達から建築までを行っていました。戦後になってプレハブ住宅が誕生すると、家づくりはハウスメーカーなどの企業によって商業化され、大工さんの顔も見ることなくシステマチックに家が建つようになりました。さらに、人々は地方から都会に移り住むようになったことで「地縁」というものが薄れ、地域で支え合う共同体感覚が希薄になっているようです。

家を構えるということは、地域の一員として加わる宣言をすることであり、いろいろな意味で責任を伴います。そこで、家づくりの段階から共同体感覚を取り戻すようなやり方はできないでしょうか。

地元に近い産地の木材を使えば、地域への投資になります。また、上棟式に近所の人を呼んで投げ餅を撒けば、ワクワクするような珍しいイベントになり、人の輪も広がります。人の輪は、万一の際の助け合いを生み、地域の力になっていくはずです。

住まいは家族を育むだけではなく、住まいの外に共同体を育む役割の一端も担っているのです。

## （ 地域の力こぶのひとつになる！ ）

近所付き合いが敬遠される現代だが、災害のときなどを考えると、地域と自分は運命共同体であることがわかる。地域の産業が活性化するのもうれしいことだ。家を持つことをきっかけに、地域の一員として参加することで住み心地もよくなるだろう。

### 家づくりでできる地域との関わり方あれこれ

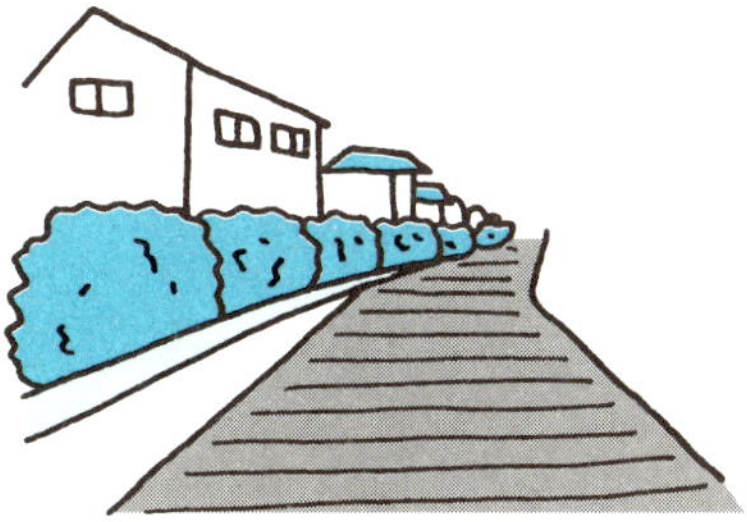

まち並みを考えた植栽計画で、豊かな緑や花の楽しみを近所の人にも提供。

実のなる木を植えて、近所の人におすそ分けすればコミュニケーションの機会に。

地元に近い産地の木を使えば、林業が潤い、山が活性化して環境の保全にも貢献。

ご近所にチラシを配って上棟式をお知らせし、投げ餅を撒いて盛り上がる。

**家を構えるということは、**
**地域の一員として加わる宣言をすることです。**

# 「感じる」住まいをつくろう

## 帰りたくなる家、そこには五感の刺激があった。

住まいづくりは多元的な視点でとらえることが肝心ですが、大切にしたいのは「五感」で感じる心地よさ。近年の住宅では、利便性と引き換えに人工的でツルツルした材料が多く使われ、五感の刺激に乏しい空間になる傾向があります。「感じる」をかたちにした室内空間には、着心地のいい服のような快適性が備わり、〝帰りたくなる家〟になるのです。

五感のうち、得られる情報がもっとも多いのは視覚です。聴覚や嗅覚からの情報は視覚に比べると鮮明さが劣りますが、かえって多くを連想させ、深く記憶に残ることがあります。たとえば畳のにおい、お母さんが料理をする音など、身に覚えがないでしょうか？

触覚も住み心地を大きく左右する要素のひとつです。無垢の木、特に針葉樹の床板は足触りが柔らかく、素足で歩くのがとても気持ちのよいものです。毎日何回も触れるドアノブや階段の手すり、寄りかかった壁のどっしりした感触なども同様、触れるたびに「いいな」と思えるのと、まったく無頓着でいるのとでは、暮らしの質が変わってきます。

# 人はけっこう感じたがっている

住まいの中で、人は無意識に五感を働かせる。あらゆる感覚に「不快」より「快」の刺激を与えることを目指せば、気持ちのいい空間ができる。

**視覚**

・狭い・広いを認識する➡用途に応じたメリハリのある空間をつくる
・光の効果を考えて開口部や照明を計画する

**聴覚**

・風や雨の音から自然を身近に感じる
・騒音にならない程度の生活音

**嗅覚**

・家中に匂いが回らないよう換気計画をする
・無垢の木や、畳のい草など、香りのいい天然素材を用いる

**味覚**

・食べ物を味わう➡料理が楽しくなるキッチンをつくる
・ダイニングはこもり感のある広さにする

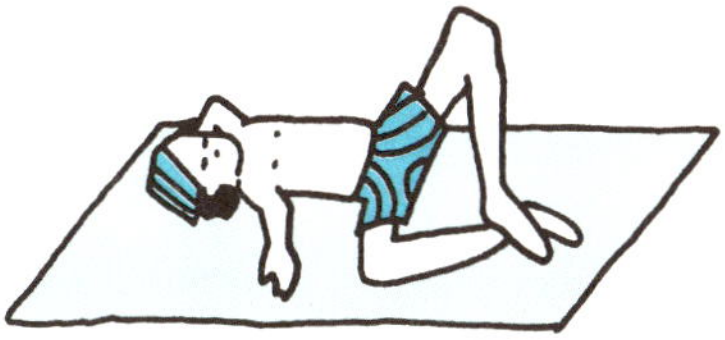

**触覚**

・ドアや引き戸に触れる➡ノブや引き手は、本物の素材を使った触り心地のいいものを選ぶ
・床に寝転ぶ➡柔らかさがあって触感のいい床材を選ぶ

**五感にいい刺激を与える住まいは、**
**住んでいて気持ちのいい家です。**

# 感謝の気持ちが良い家をつくる

施す心を持っている人を「施主※」と呼びます。

家を一軒建てるのにいくつの業種の、何人の人が関わるかご存知ですか？　家はたくさんの人の手を借りなければ建てることができません。また、家を建てることにしたその土地は、あなたがお金を出して買ったものですが、だからといって何を建ててもよいなどと思う人はいないでしょう。

ご近所への配慮はもちろん、自然に生かされているという謙虚さと、そこに住まわせていただくという感謝が、完成後も気持ちのよい関係を築いていく土台になるのではないでしょうか。

住まいづくりの際に行われる地鎮祭や上棟式は、土地の神様に建てさせていただく許しを請う儀式です。これらの儀式を行うことで、そこに住むという社会的責任への心構えができてきます。また、職人さんと一緒に上棟式を祝えば、つくり手への感謝とねぎらいを表す機会にもなり、職人さんも「いい仕事をしよう」と頑張ってくれるものです。近年は省略してしまう人も多いようですが、失いたくない文化のひとつです。

※建て主を表す言葉

# 昔も今も「人のつながり」が家をつくる

家づくりが地域の人との協働で行われた時代には、「おたがいさま」の気持ちで自然に感謝しあっていた。現代では家を「買う」という意識が強いが、「施主＝客」という認識でいると関わる人への信頼や感謝が薄れがちで、不満も残りやすい。

昔

### 茅葺き屋根の葺き替えはみんなで力を貸しあっていた

昔の家づくりは地域の助け合いだった。茅屋根の葺替えは、
結（ゆい）と呼ばれる相互扶助の共同作業でおこなわれた。

今

### 現代の家づくりに関わる人たち

土地選びや購入には不動産業者、資金づくりには金融機関、設計には建築家、施工には施工会社や職人さん……というように、家づくりにはたくさんの人との出会いがある。ネット社会でなにかにつけて情報過多の現代では、迷いや不満を抱えがちだが、人とのつながりという原点を大切にして感謝の気持ちを持つことで、心の通った満足な家づくりに近づける。

# 儀式で謙虚な気持ちになる

家を建てる土地の神に使用許可を乞い、工事の安全を願うのが地鎮祭。骨組みが完成したあと、建物の無事を願って行うのが上棟式。どちらも省略する人も多くなっているが、心構えをつくったり、つくり手と交流したりする貴重な機会だ。

## 「地鎮祭」で土地の神様に敬意をあらわす

神道が一般的だが、仏式やキリスト教の式もある。

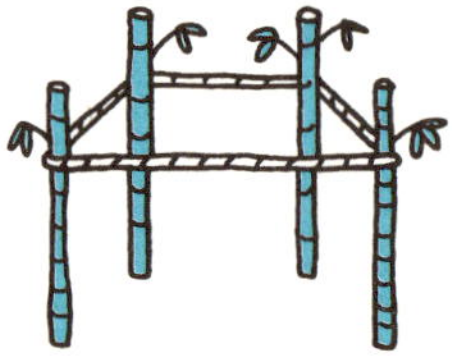

### ①斎竹《いみだけ》に囲まれた神の空間

不浄を防ぐために立てた竹にしめ縄を張り、四手（白い紙）を垂らす。

### ②神饌《しんせん》を飾る

米、塩、海の幸、山の幸、畑の幸、それぞれ3種類くらいずつと、御神酒を飾る。

### ③四方祓《しほうばら》い

御神酒、米、塩、白紙を、敷地の中央と四隅に撒く。

### ④鍬《くわ》入れ

設計者がカマ、施主がクワ、施工者がスキの順で盛砂に向かい三度作業する仕草を行う。

### ⑤鎮物《しずめもの》

土地の神様を鎮めるために、地中に人型、盾、矛、小刀、鏡などをかたどったものを埋める。

## 「上棟式」で工事の無事を願い、つくり手に感謝を表す

上棟式では、天と地の神様に捧げることを名目に、餅や銭、昆布、するめ、大根などが撒かれることがある。大根は消化がよく「胸が焼けない」ことから「棟が焼けない」という言葉遊びの意味も。上棟式後、参加者がお供え物（神饌）をいっしょに飲食する「直会（なおらい）」は、住み手とつくり手との交流の場にもなる。

# （つくり手への感謝を忘れない）

建て売りを買うケースや、ハウスメーカーのような工場生産の住宅を建てる場合、つくり手の存在を感じることは少ないかもしれない。しかし、地域の工務店による施工なら、お互いの顔が見える家づくりができる。お互いの意識は交流によって深まり、つくり手の働き方にもよい影響を与えるだろう。

## 現代の一般的な家づくりは、つくり手の顔が見えにくい

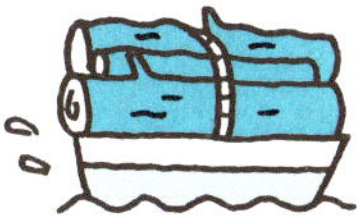

輸入木材または
集成材を使用

材木は機械による
プレカット加工

上棟式は
やらないことも多い

工場生産のものを
買うのと似た心情

## 地域を意識した家づくり……顔の見える信頼関係が基本

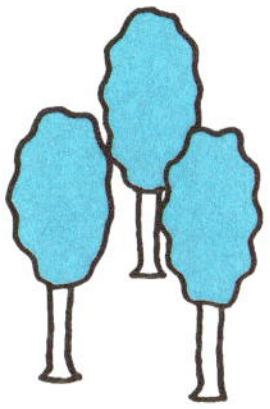

地元の木材を多く使う

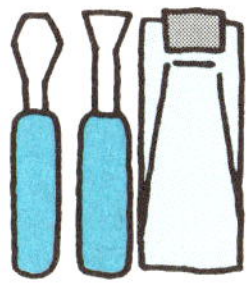

木材は大工による
手刻み加工

上棟式を行う

設計者、施工者、
建て主のいい関係
が継続

**自然、土地、近隣、つくり手などに
感謝の気持ちを持つと、いい家づくりができます。**

# 間取りを考える最初の一歩

## きっかけは
## 何気ない一言かもしれない。

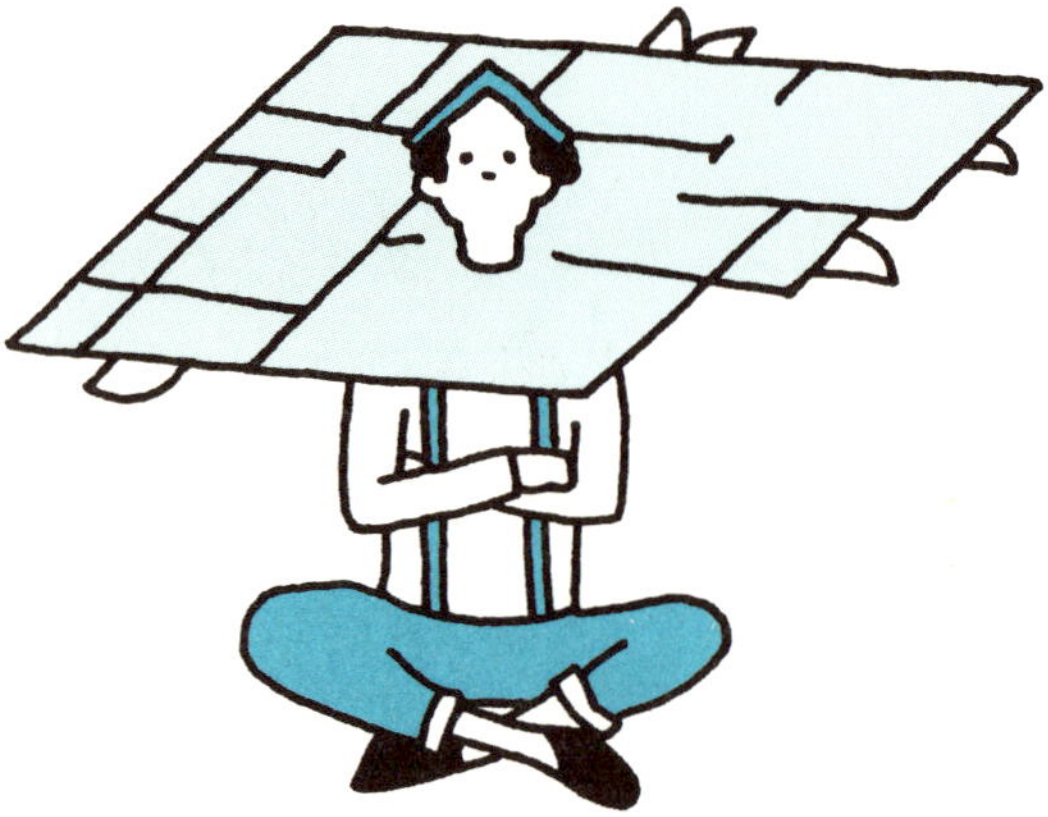

間取りをつくる際は、敷地の状況やその家に住む人たちの条件や状態を考え、規制などのルールを確認しながらまとめていきます。その際、単にＬＤＫに個室数部屋をプラスする、といった決まりきった考え方だと、人が建物に合わせて生活するようなことにもなりかねません。

一人ひとりに個性があるように、それぞれの家族には異なるライフスタイルや価値観があります。間取りを考えるプロセスの中で、自分たちの好みや特性をあぶり出すために、欲しい住まいや空間を言葉で表してみてはどうでしょう。それらを拾い集め、間取りを考える最初のきっかけとしたいものです。

例えば「緑が好き」なら、リビングから庭がよく見えたり、庭との行き来がしやすいような間取りに。「人が集まる」家にしたいなら、リビングやダイニングを広くした間取りが考えられるでしょう。「食べることが好き」な家族なら、キッチンやダイニングが中心になるかもしれません。間取りのイメージが、たちまち具体的になってきませんか？

## （“身近な言葉”から発想してみる）

理想の住まいや住空間を表す言葉を思いつくまま挙げて、設計者に伝えてみよう。それが「間取り」へとつながるパズルのピースになる。

### やすらぐ

・心が落ち着く空間をつくる
・こもれる空間をつくる
・明る過ぎない部屋をつくる

### つどう

・家族や友人が集えるスペースをつくる
・座れるスペースをたくさんつくる
・複数で使えるキッチンにする

### ゆったり

・庭を眺めてゆったりできる場所をつくる
・寝室の心地よさにこだわる

### たのしむ

・日常が楽しくなるようなしかけをつくる
・趣味のものが飾れる場所をつくる

**求める住まいや空間を表す言葉を**
**イメージすることが大切。**

# 家の居心地の良さはルーツにあり

## 心地よさには理由がある

# 日本の民家から学ぶ、生活の智恵

## 時代は変化しても大切なことは変わらない。

近年、民家が再評価されるようになってきています。その地で採れる素材と匠の技を用いてつくられた住まいで、風土に適したかたちを持っている民家。地域文化の特徴が見られると同時に、環境への適応のしかたなど、学べるものが多くあるからでしょう。

民家に見られる土間・濡縁・内縁（室内にある縁側）など、外とも内ともつかない場所は、伸縮自在な空間として季節ごとの暮らしの変化に対応します。また、引き戸に代表される優れた建具は、雨や湿気、風向きなど、地域特有の自然現象に対応し、四季の変化に寄り添うものです。現代の住宅のように、断熱性や気密性、設備機器のない住居でも、人々は快適を求めて知恵を絞りました。

そのような知恵は少しも古びず、むしろ新しい発見さえさせてくれます。現代の住まいづくりに生かせるヒントが、そこここに埋まっています。さあ、お宝の発掘にかかりましょうか。

# （日本の民家の特徴とは？）

## 3つの空間構成が基本です

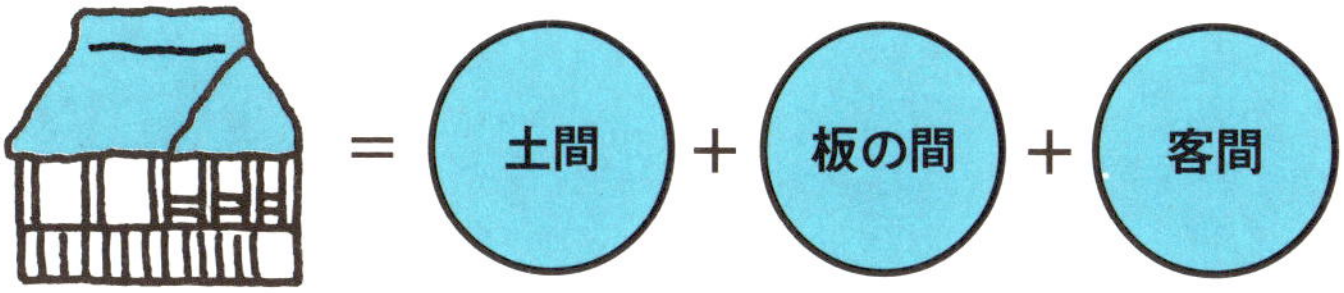


床のつくり方の違いが部屋の名前になっている。

民家

生業の場
土

生活の場
板

接客の場
畳

## 外と内をつなぐ「縁」

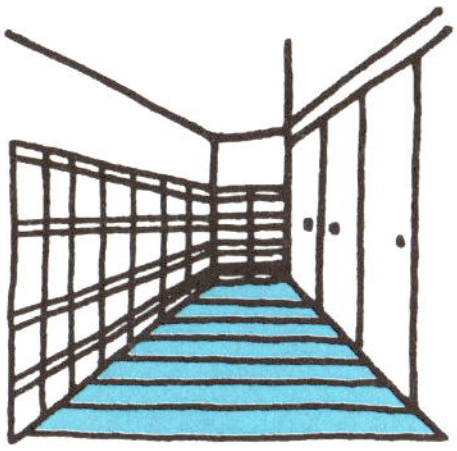

**内縁（東日本）**

濡縁とは対照的に、建具の内側にある縁側。

**濡縁（西日本）**

雨風を防ぐ建具の外側にある縁側。

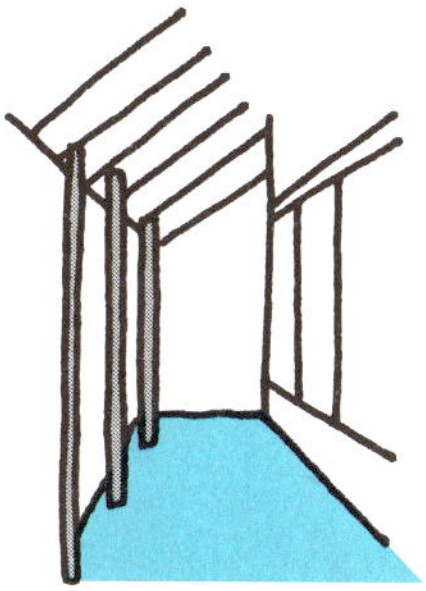

**土縁（北日本）**

板張りの縁側に対し、土間仕上げの土縁。冬は雨戸で閉じる。

## 長持ちさせる智恵がたくさんあります

木と木を継ぎ合わせる

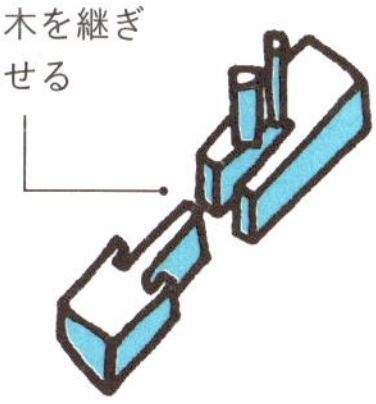

湿気の多い日本では金物は結露して錆びるので、できる限り使わない。

木が腐らないように、吸湿性のない石を基礎に用いる。

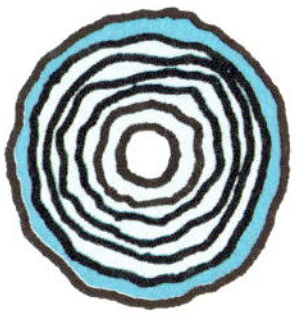

皮付き柱を無駄なく使うと同時に、木の表情の面白さを意匠に生かす。

# 現代の住まいと民家を比べてみると

## 現代の住まい

## 民家

軒や庇の出が少ない

近年は軒の出が少ない家が多く見られる。民家では深い軒の出が外壁を雨から守り、劣化を防いだ。

軒や庇の出が深い

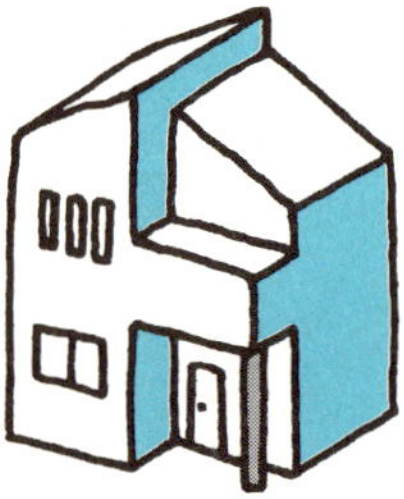

地域による屋根勾配の
変化はあまり見られない

雨の多い地域は、屋根の勾配をきつくして雨水を早く流す工夫がなされた。

地域によって多少変化あり

縁側のような緩衝帯はない

庇のある縁側は光や熱をコントロールし、地域とのコミュニケーションの場ともなる。

外と内をつなぐ縁側

# （現代の住まいに生かしてみよう）

## 緩衝帯や土間のある自在な暮らし

### 外へ広がる

可動式テントを設けることで、リビング、テラス、庭へと緩やかに内から外へつながる開放感あふれる家に。

### 内にも外にも

インナーテラスはリビングの延長として、内にも外にもなれる曖昧なスペース。冬は昼間の太陽熱を蓄熱し、暖かさを夜まで持続させることもできる。

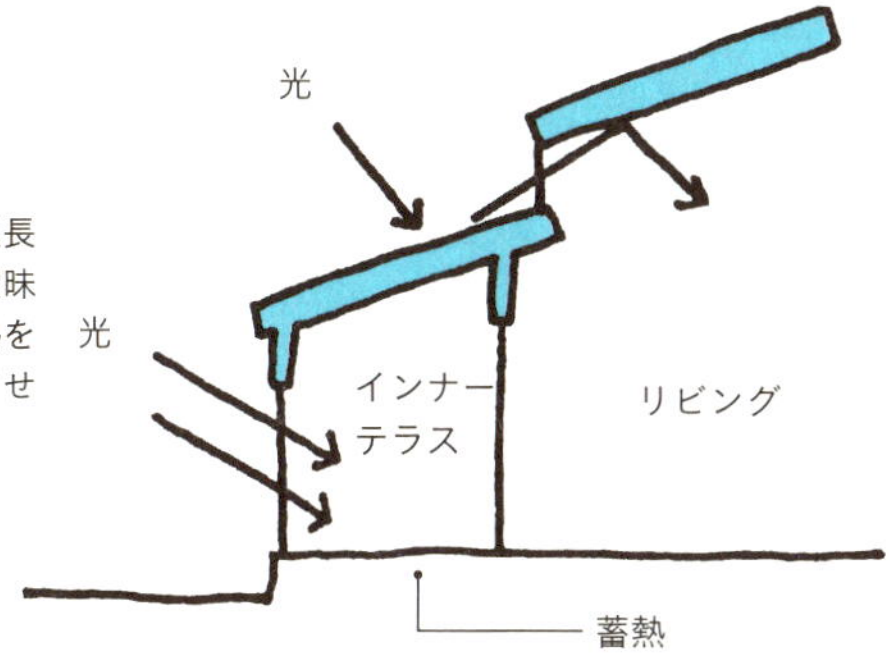


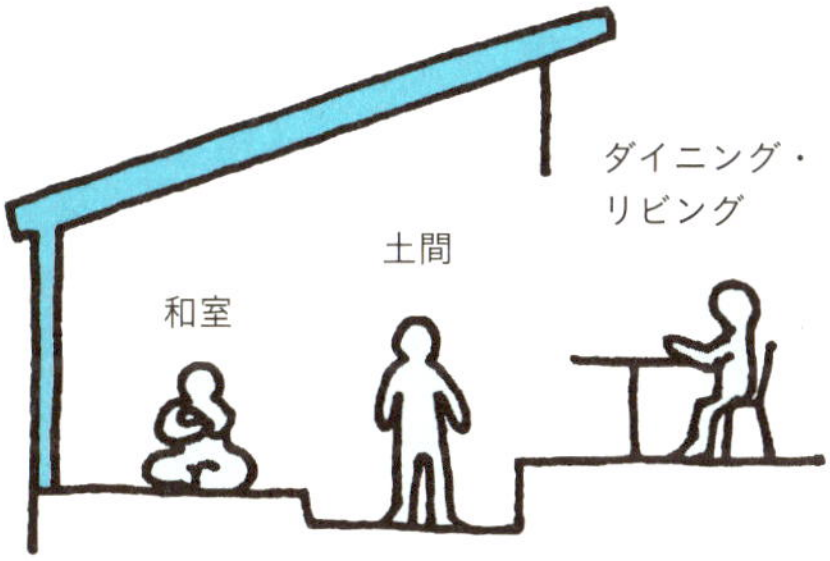


### 土間を間取りに生かす

家の中に通り庭的な土間をつくり、和室を離れのようなイメージに。シーンが切り替わり、子どもの遊び場やアウトドア用品の手入れの場にもなる。

**民家には自然と上手に向き合い、**
**暮らしを豊かにしてくれる**
**住まいづくりの工夫が多くあります。**

# 気候風土を読む

## 自然との折り合いはどこでつける？

南北に細長い日本は、夏は高温多湿で、冬は比較的温暖で乾燥します。

蒸し暑さに対処する住まいなら、風通しのいい開放空間、冬の寒さをしのぐには、閉鎖的な空間の方が合理的です。だから、家のつくりには開放と閉鎖の相反する二つの要素が求められるのです。

しかし、断熱性や気密性が向上した現代の住まいは、「閉じようと思えば閉じられる」ものになっています。ですから、「いかに開くか」がテーマとも言えるのです。例えば窓ひとつをどこに配置するかを考えるとき、地域に特有の風向きがあることを知っているのと知らないのとでは、暮らし心地はまったく違ってくるでしょう。正しく開くことが可能な家では、省エネに暮らすこともできます。

今や全国どこでも画一的な家づくりが見られますが、地域ごとの気候特性を知り、寄り添うようなかたちを探ることを忘れてしまうのは、住む人にとって「損」だという気がします。

# （地域の気候は個性派ぞろい）

日本は365日のうち1mm以上の雨の降る日が100日を越える。その中でも
雨や雪の多い地域・少ない地域によって、民家の屋根には形の違いがある。

**夏は湿度が高く、**
**日照時間は少ない**

### 新潟

平均気温　：13.8℃
平均湿度　：73％
降水量合計：2327.0mm
降雪量合計：255cm

**夏は涼しく、**
**冬は曇天と豪雪**

### 札幌

平均気温　：9.2℃
平均湿度　：71％
降水量合計：1347.0mm
降雪量合計：577cm

**冷涼で湿度が高いが**
**雨は少ない**

### 釧路

平均気温　：7.1℃
平均湿度　：78％
降水量合計：1229.5mm
降雪量合計：153cm

**山沿い側で積雪があり、**
**比較的降水量もある**

### 広島

平均気温　：16.6℃
平均湿度　：67％
降水量合計：1820.5mm
降雪量合計：8cm

**一年中湿度が高く、**
**降水量が多い**

### 金沢

平均気温　：15.0℃
平均湿度　：70％
降水量合計：3318.0mm
降雪量合計：281cm

**真夏日と真冬日が少ない、**
**海洋性気候**

### 仙台

平均気温　：12.7℃
平均湿度　：71％
降水量合計：1111.5mm
降雪量合計：87cm

**温暖ではあるが、**
**季節風もある**

### 福岡

平均気温　：17.7℃
平均湿度　：66％
降水量合計：1801.5mm
降雪量合計：5cm

**年間日照時間は高知と**
**同じく全国1位**

### 東京

平均気温　：17.1℃
平均湿度　：61％
降水量合計：1614.0mm
降雪量合計：8cm

**冬は温暖で、夏は日照時間も**
**多いが降水量も多い**

### 鹿児島

平均気温　：18.9℃
平均湿度　：70％
降水量合計：1777.5mm
降雪量合計：4cm

**年間を通して温暖。**
**瀬戸内海式気候**

### 大阪

平均気温　：17.1℃
平均湿度　：61％
降水量合計：1418.0mm
降雪量合計：3cm

**夏は高温多湿、**
**冬は乾燥した晴天**

### 名古屋

平均気温　：16.4℃
平均湿度　：64％
降水量合計：1463.5mm
降雪量合計：13cm

**高温多湿は**
**亜熱帯性の気候**

### 那覇

平均気温　：23.3℃
平均湿度　：73％
降水量合計：2071.0mm
降雪量合計：—

**よく晴れるが、**
**雨は一気に降る**

### 高知

平均気温　：17.3℃
平均湿度　：68％
降水量合計：2327.0mm
降雪量合計：—

数値は各自治体の資料などを元に、著者がまとめた

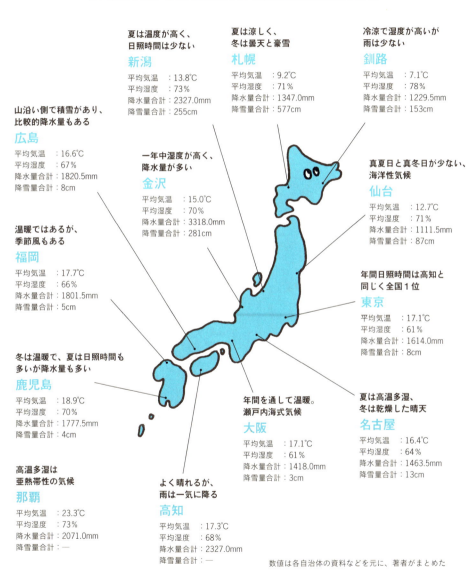

# 東京と大阪は、風向きも違うってホント？

自分の住む地域に、固有の風向きがあるのを知っているだろうか。もちろん、天気や季節で多少揺れ動くが、「だいたいいつも西から東に吹いている」というような傾向がある。だから、風通しの良い住まいをつくろうと思ったら、窓の配置はこの風向きに沿った場所にすればいいということだ。

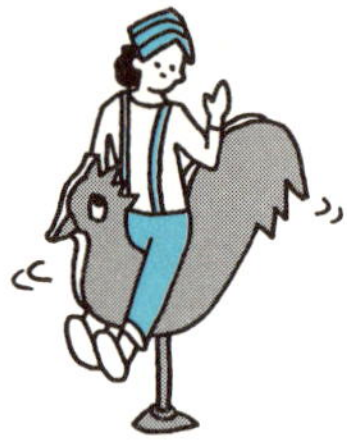

## 地域の風向きに合わせ窓の位置を変えるべし

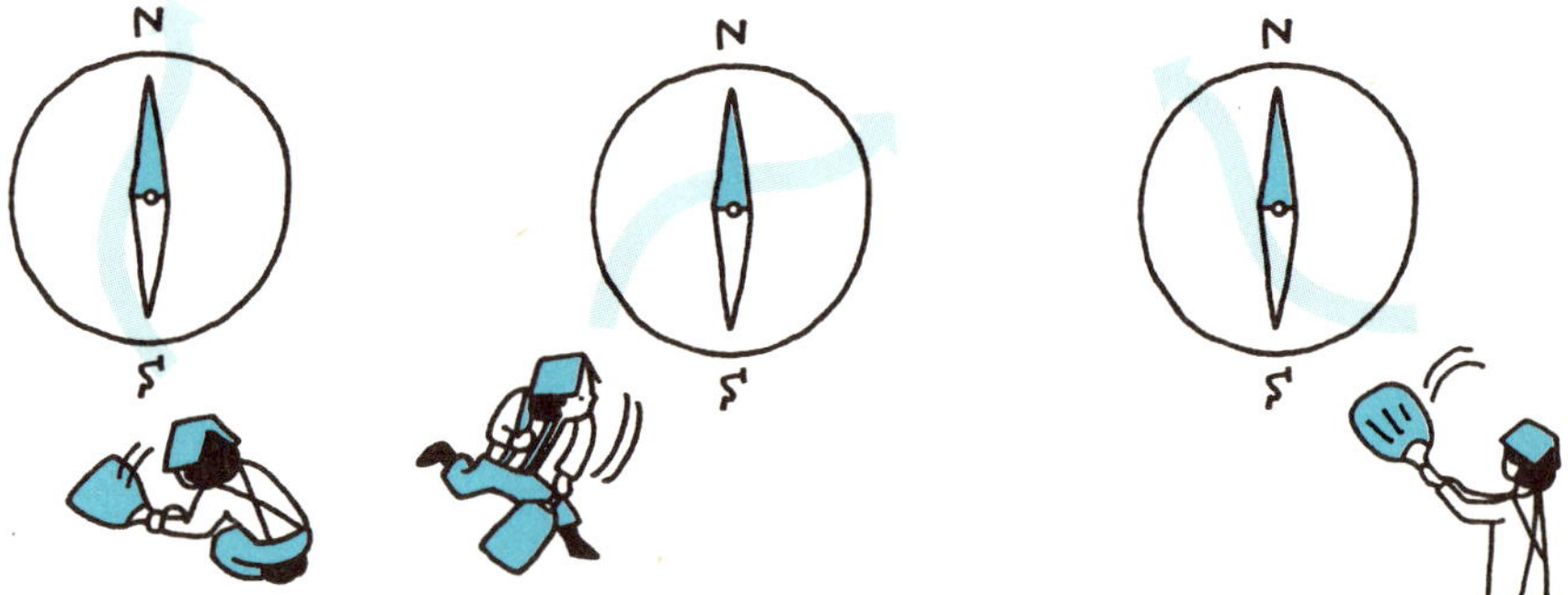


**東京**

南から北

↓

**窓の位置は？**

**大阪**

南西から北東

↓

**窓の位置は？**

**福岡**

東南から北西

↓

**窓の位置は？**

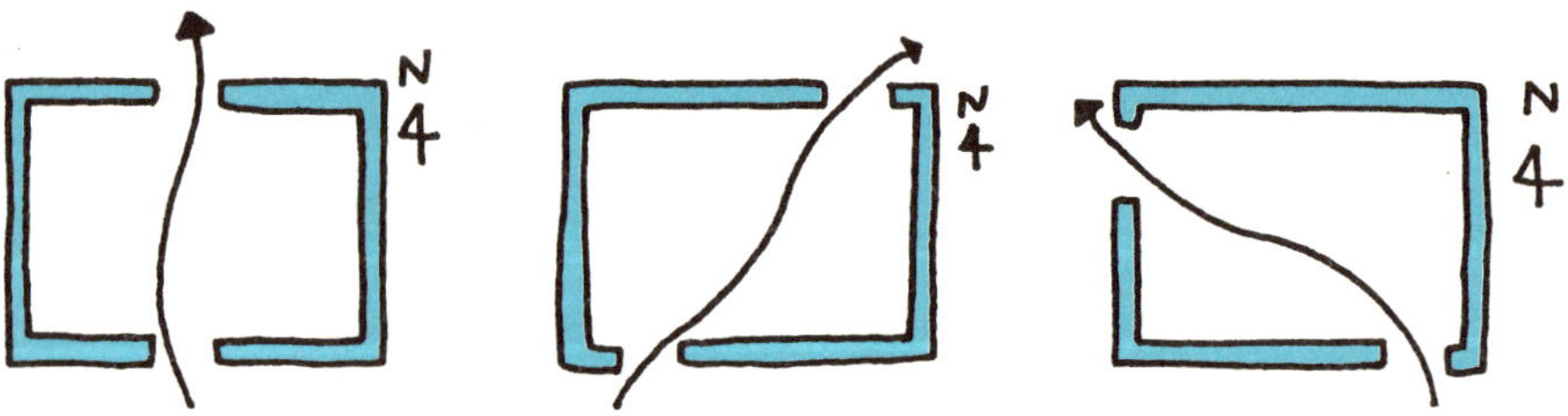


南北に
風が抜けるよう考える。

南西から北東に
風が抜けるように考える。

東南から北西に
風が抜けるように考える。

# （雨と仲良しになる民家の技を拝見）

雨の多い日本の民家には、雨からくる建物の傷みを防いだり、雨でも快適に過ごせるような場所をつくったりする工夫があった。

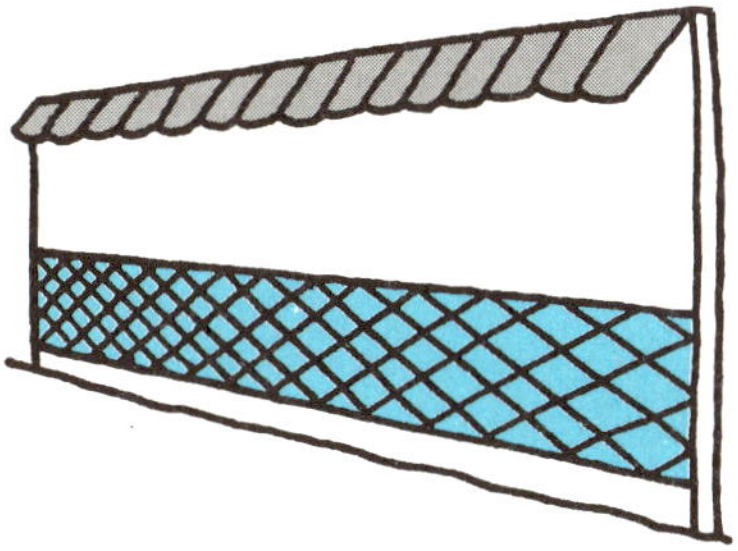

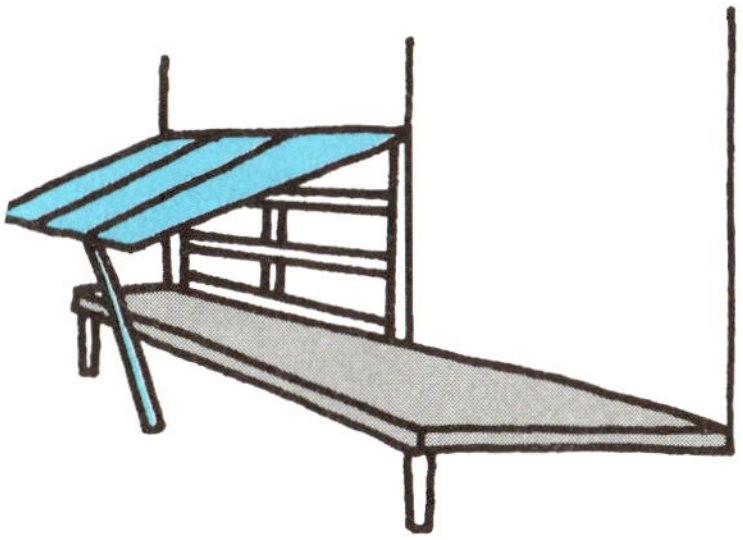

**なまこ壁**

雨で傷みやすい壁の下半分には瓦を貼りつけ、目地は漆喰を盛り上げる。

**庇のある地窓**

自在丁番をつけ、開閉ができる庇。雨の時も室内を風通しよくできる。

**濡れ縁**

深く軒を出して、室内への雨の吹き込みを防ぐ。夏の晴天時は日除けにもなるが、室内が暗くなってしまうという欠点もあった。

**地域の気候特性に合わせ工夫をすることで、快適で長持ちする家ができるのです。**

# 徒然草から学ぶ家づくり

## 今も新しい暮らしの参考書。

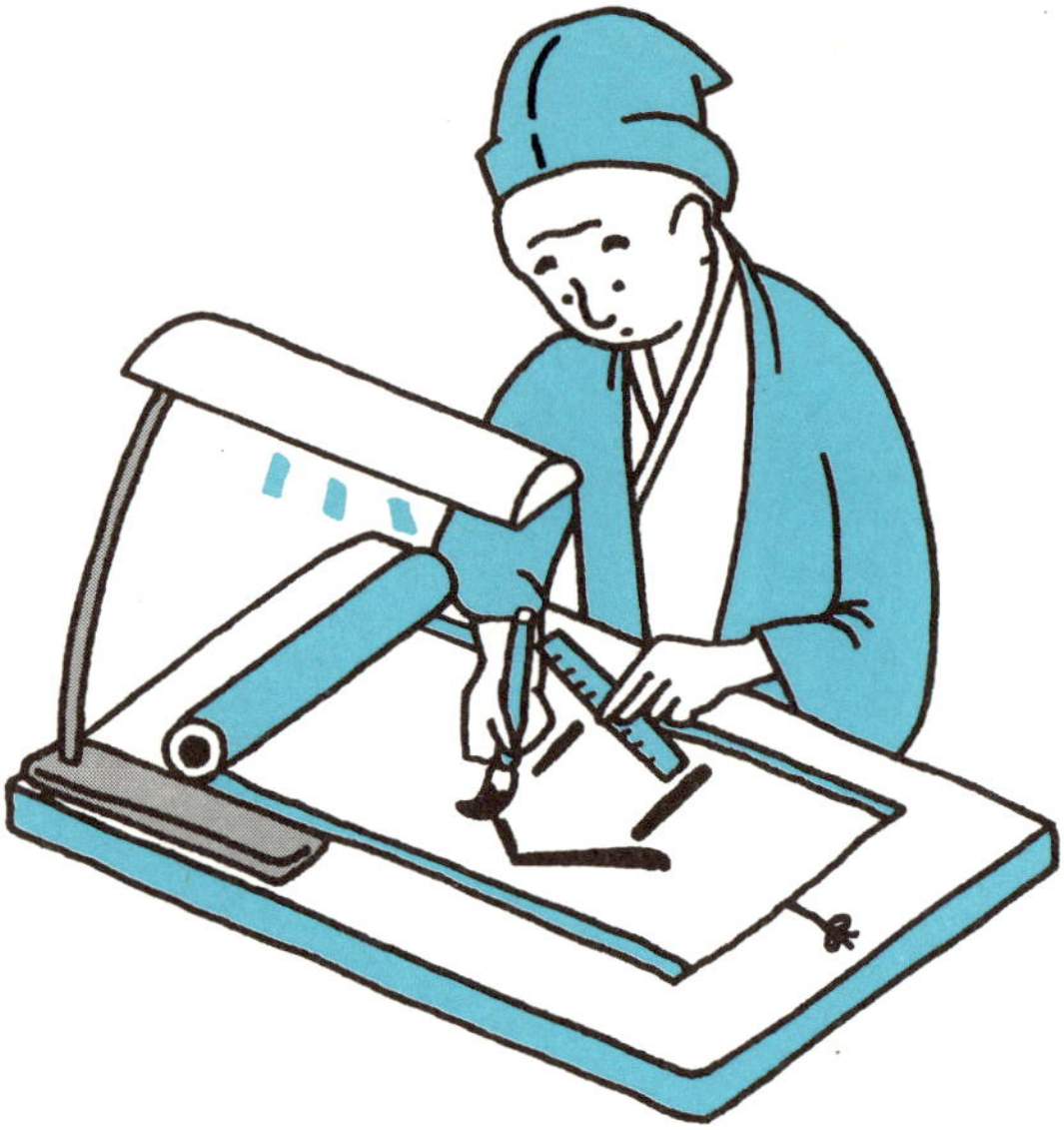

680年前に書かれた吉田兼好『徒然草』の有名な一節「家の作りやうは夏をむねとすべし」。

　これは、日本の気候風土に適した住まいを追求していこうとする考えを表しています。伝統的な日本の住居は夏を中心に考えられ、通気性を重視した構造で対処してきたのです。先人が残した言葉にはたくさんの本質的なことが見え隠れし、気づきを与えてくれます。

　しかし今日、冷暖房などの設備が普及すると、従来の構造では効率が悪いので、気密・断熱性能を高めた住まいづくりが行われるようになりました。その結果、シックハウスや結露によるカビの発生など、新たな問題も抱えることになったのです。

　夏期、高温多湿な日本は、現代においても通風を住まいの基本におくことです。建具の工夫により風の道を確保し、通風と広さを自由にコントロールできる引き戸の良さなどを取り入れましょう。それは、室内環境を良くすることはもちろん、住み心地の良さにも生かされます。

# （680年前の日本の家づくりは……？）

**兼好さんは
こう書いている**

吉田 兼好
(1283年頃〜1352年頃)

**「家の作りやうは、夏をむねとすべし。冬は、いかなる所にも住まる。暑き比わろき住居は、堪へ難き事なり。深き水は、涼しげなし。浅くて流れたる、遥かに涼し。細かなる物を見るに、遣戸《やりど》は、蔀《しとみ》の間よりも明し。天井の高きは、冬寒く、燈暗し。**

「徒然草第五十五段」

**下線部の2つを読み解いてみよう。**

## 「家を作りやうは夏をむねとすべし」

「家を作るときには、夏の住みやすさを優先して作るのがよい」、つまり、

**「通風のことを考えて建てよう」
という意味。**

## 「遣戸は、蔀の間よりも明し」

「扉を押し上げて開く窓（蔀）より、遣戸（両開きの引き戸）の方が明るくてよい」、つまり、

**「引き戸のことを考えてみよう」
という提案。**

# 風通しの達者な民家の建具たち

民家の窓や建具を観察すると、通風への細やかな配慮がうかがえる。湿度の高い夏をできるだけ快適に乗り切るために、長い時間をかけて編み出されてきた工夫の数々。現代の住まいにも応用できるものを探してみよう。

## 小窓を設けて風を導く

土壁の一部を塗り残して壁下地（木舞）を露出させた窓。書院と廊下の間の壁などに用いられた。

北側の高いところに小窓をつけて、囲炉裏の煙を抜いていた。夏は風抜き窓として機能し、他の窓から涼しい風を呼び込むことになったはずだ。

## 建具のデザインも通風機能を意識

障子の上げ下げや引き分けで風をこっそりと流す。

中央に格子を組み込んで風を通す（主に納戸など）。

## 季節ごとに建具を模様替え

夏は「簀戸（すど）」冬は「襖」を使い分ける。すどは竹などで編んだもので、夏障子とも呼ばれる。

# 引き戸は現代もこんなに優等生

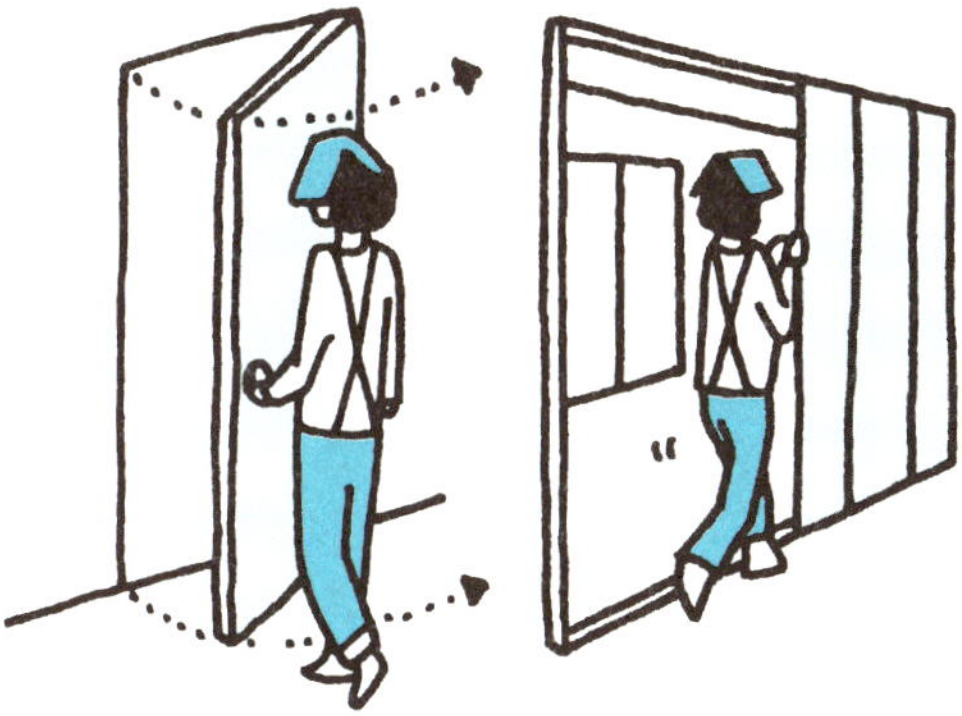

## 引き戸は部屋どうしの区切り方を自在に変えられる

部屋どうしの間仕切りを引き戸にしておくと、大きく開け放ったり、細目に開けたりが自由に調節できる。ドアは開閉スペースも考えなければならないから、引き戸の方が省スペース。

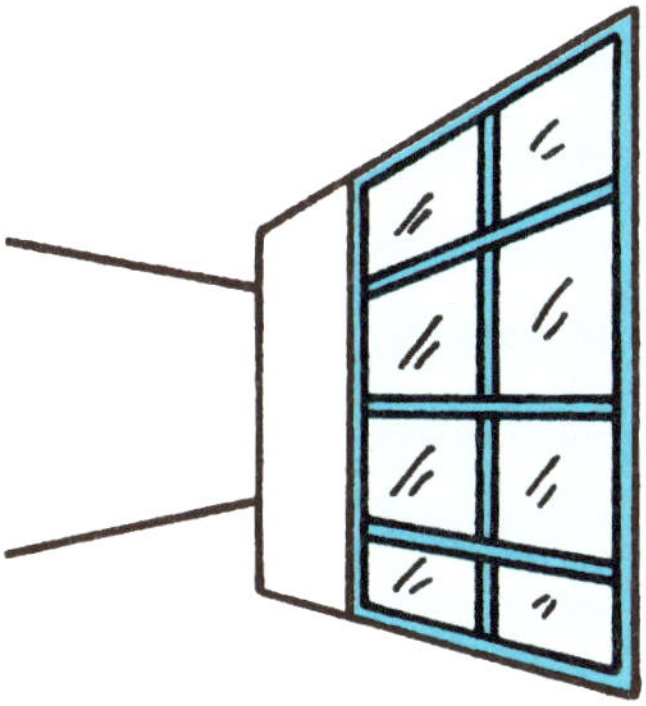

## 風通しを調節できる

季節に応じて開閉の幅を自在に調整することができる。

## 室内の表情を変える

２枚のガラスに布をはさんだ合わせガラス。布を通したやさしい光を室内に取り込める。

**建具を工夫して風通しをコントロールする基本は、昔も今も変わりません。**

# 木の国日本、木を知る

## 適材適所の「材」は「木材」のこと。

日本列島は豊かな森林に覆われています。戦後に植林された多くの針葉樹が、立派に成長し切られるのを待っているにもかかわらず、使われるのは輸入材ばかり。国産材は価格に目がいきがちですが、湿気に強くて肌もキメ細かく、木目も美しい樹種が多いのです。住まいづくりにもっと日本の木を使えば、環境の諸問題の解決の糸口になるかもしれません。

建築木材の多くはヒノキ、アカマツ、スギなどの針葉樹です。調湿機能を持ち軽くて狂いにくい性質ですが、それぞれに個性があります。腐りにくく耐久性の高いヒノキやクリは土台に、強靭なマツは重量を支える梁に、そして調湿性の高いキリは家具にと、適材適所の使い方をすれば、家が長持ちするなどいいことがたくさんあります。

ですが、インテリアに木を使い過ぎると、木目がうるさく主張し、見た目が窮屈になることもあります。木目を活かした感じのよい空間をつくるには、部屋全体面積の20%~30%以内に抑えることです。

## （日本にはどのくらいの森林がある？）

**突然ですが、問題です！**
**日本の国土にある森林の割合は？**

**10%　　30%　　55%　　67%　　85%**

ヒント：イギリス10%、中国14%、アメリカ32%、カナダ54%

**正解は 67%**
**世界第三位!!**

**ちなみに世界平均は**
**31%**

**なのに……**
**国産材は20%しか使われていない。**

日本は森林大国でありながら、丸太・製材・合板・集成材・木材チップなどを合わせ、80%もが輸入材。

# 木のスゴさ、知っていますか？

### 木は水を
### 吸ったり吐いたりする

湿気の多い日は水分を吸って伸び、乾いてくると水分を出して縮む。建材としては含水率15%が目安。

### 木は炭素の貯蔵庫

木は温暖化などの原因ともいわれる二酸化炭素を、光合成のときに葉から吸い、樹幹内に炭素化合物として固定する。

### 木は鉄よりも強い

木と鉄を引っ張って比べると、木の引っ張り強さは鉄の4倍強く、圧縮したときの強さは2倍も強い。

### 木は火に強い

木は燃えても表面に炭化層ができ、内部へは酸素が供給されず中心部までなかなか燃え進まない。

### 木は腐る? 寿命は?

木が腐るのは腐朽菌によるもの。含水率20%以下ならば腐朽菌は繁殖しないので、乾燥が大切。60年かけて育った木は、60年もつといわれている。

# 針葉樹と広葉樹では性質が違います

## 針葉樹

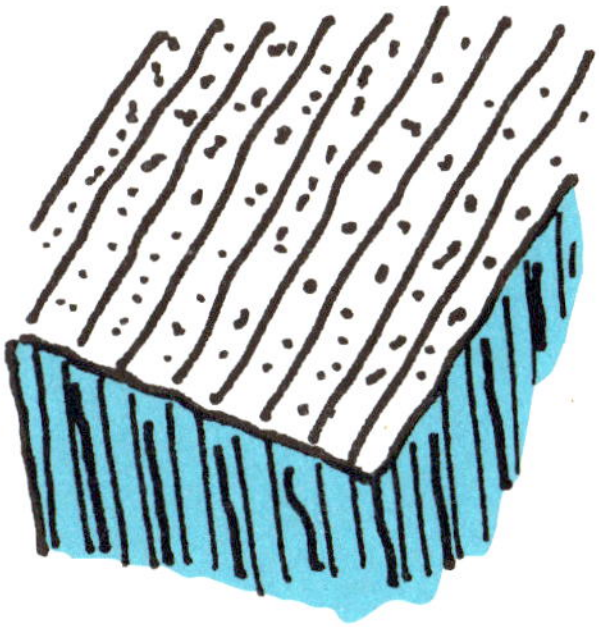

葉は先がとがり細い。そのほとんどが常緑樹。ヒノキ、アカマツ、スギなど
[適した使い方] 柱・床

**繊維の目がまっすぐ**

比重（0.4）が小さいので軽く、変形しにくい。熱伝導率が小さいので、触った時に温かみを感じる。

## 広葉樹

葉の形は扁平。落葉樹と常緑樹がある。ナラ、クリ、ケヤキなど
[適した使い方] 建具・家具

**繊維の目が詰まっている**

比重（0.7）が大きく、強くてたわみも少ないが、伸縮が大きく変形しやすい。熱伝導率は高いので触った時に堅く冷たく感じる。

# 木は感性を刺激してくれます

## 木目の美しさは目にやさしい

自然がつくりだす年輪幅。規則的であるがゆらぎのあるパターンが、人の目に自然な和みを与えてくれる。

規則的な縞模様

スギの柾目（針葉樹）

ケヤキの山形模様（広葉樹）

## 木は光をおだやかに反射する

光の反射は、木材の繊維方向に平行に光を当てたときと、直角に光を当てたときとでは異なる。木の表面には細かな凹凸があるので、光が乱反射し眩しさを軽減する。

繊維に直角方向の光の反射

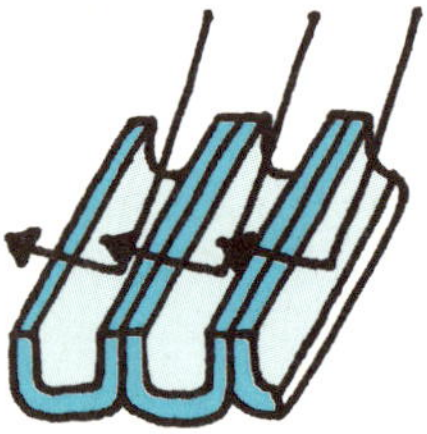
繊維に平行方向の光の反射

## 木は触り心地がいい

木は熱を伝えにくい。柔らかさ・滑らかさは、石やガラス、プラスチックなどの材料と比べると、親しみやすい触り心地。

あたたかさ(温冷感)

やわらかさ(硬軟感)

なめらかさ(粗滑感)

## 木は場所によって使い分けよう

木と一口に言っても、材種によって性質にはかなりバラエティーがある。それぞれの性質を最も生かせる利用法を、昔ながらの大工職人は熟知して伝えてきた。今や集成材やプレカットなどによってそうした知恵が重視されないことが多くなったが、基本を知った上でアレンジすることが大切だ。

**通し柱・管柱**

スギ、ヒノキ、ヒバ

スギが使われることが多い。木目がまっすぐでやわらかく加工しやすい。芯材（中心付近の材）は強度もある。

**土台**

ヒノキ、ヒバ、クリ

耐久性、耐水性、防腐性に富んだヒノキやヒバがよく使われる。

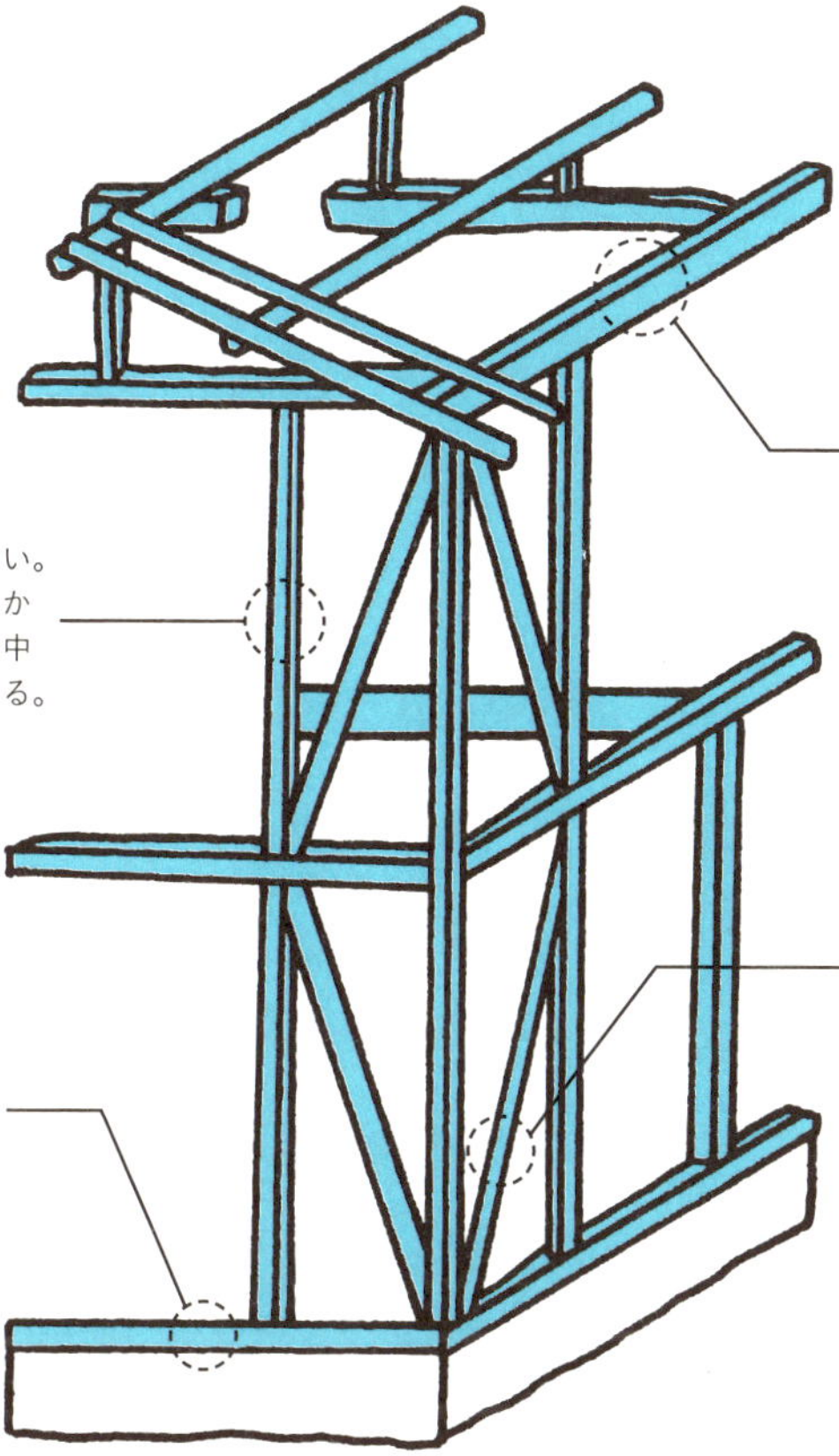

**梁**

アカマツ

圧縮力に強いアカマツは、梁や桁などの水平材に使われる。

**筋かい**

スギ

柱同様、加工のしやすいスギが多く使われる。

**日本は森林国。**
**木の特性を知って、適材適所に使おう。**

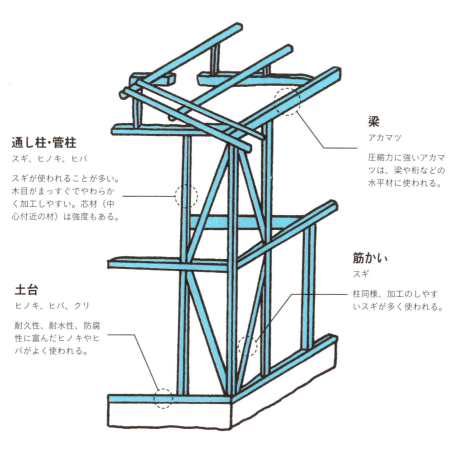

# いい素材、建材って？

## 家はなにでできているのか。

伝統的な建築は自然素材だけでできています。例えば屋根材は茅やヒノキの皮。内装材は土壁、漆喰、和紙、木。床材は木、竹、草などです。それらは最も身近な材料であり、また、それしか手に入らなかったという事情がありました。しかし現代の家には、多くの化学合成建材が使われるようになりました。汚れにくい・腐りにくい・品質にばらつきがなく施工も容易にできる、という理由からです。

自然素材を使う場合は、材料に対する理解が必要です。無垢の木は節がある、反りが出るなどのデメリットもあります。不具合をクレームする前に、その原因が素材の特長と背中合わせであることを考えてみる。そんな気持ちのゆとりが欲しいもの。

自然素材には生命感があり、環境に影響され変化する性質を持っています。だからこそ、手間をかければ美しく古びます。一方、化学合成建材は、人の心を和ませる要素は劣りますが、手入れが少なくてすみ、耐候性や耐久性が必要なところには向いています。素材の特性を理解し使い分ける。これに尽きます。

# 今と昔、素材と建材

## 伝統的な家……「自然素材」

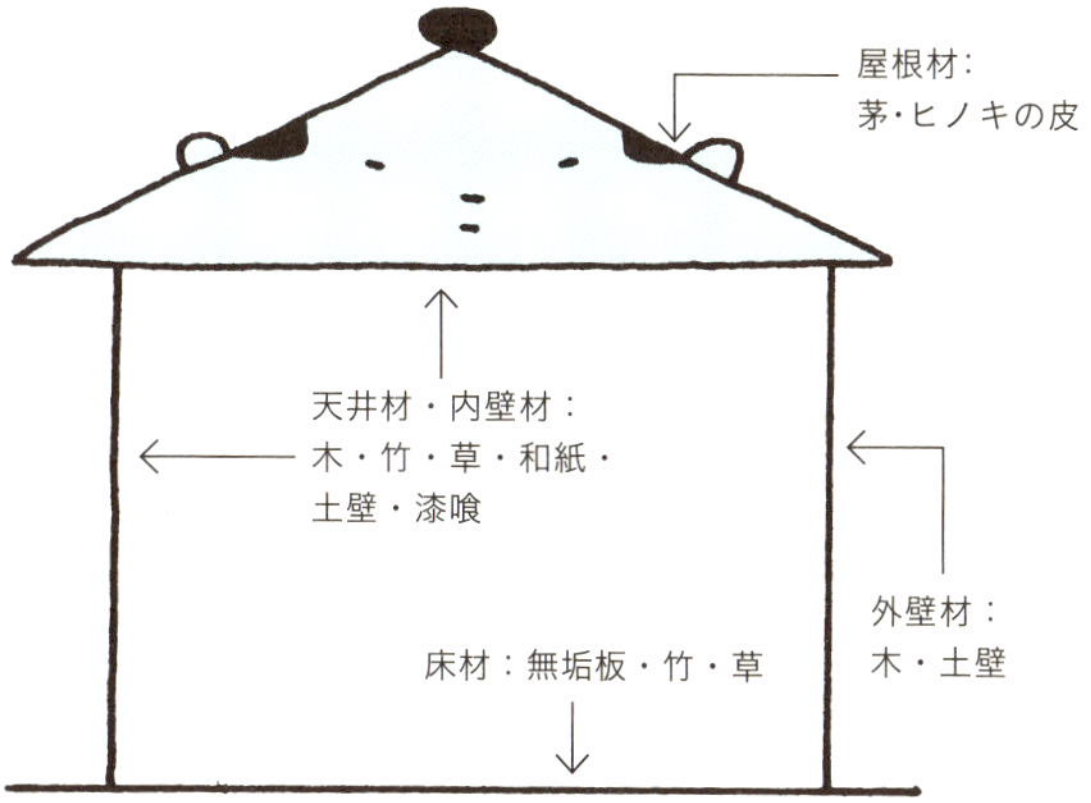


- 天然の材料でつくる
- 材料が呼吸する
- 塗装は行わない
- 職人の技が要求される
- 経年変化を楽しめる
- 気持ちを和ませる

## 現代的な家……「化学合成建材」

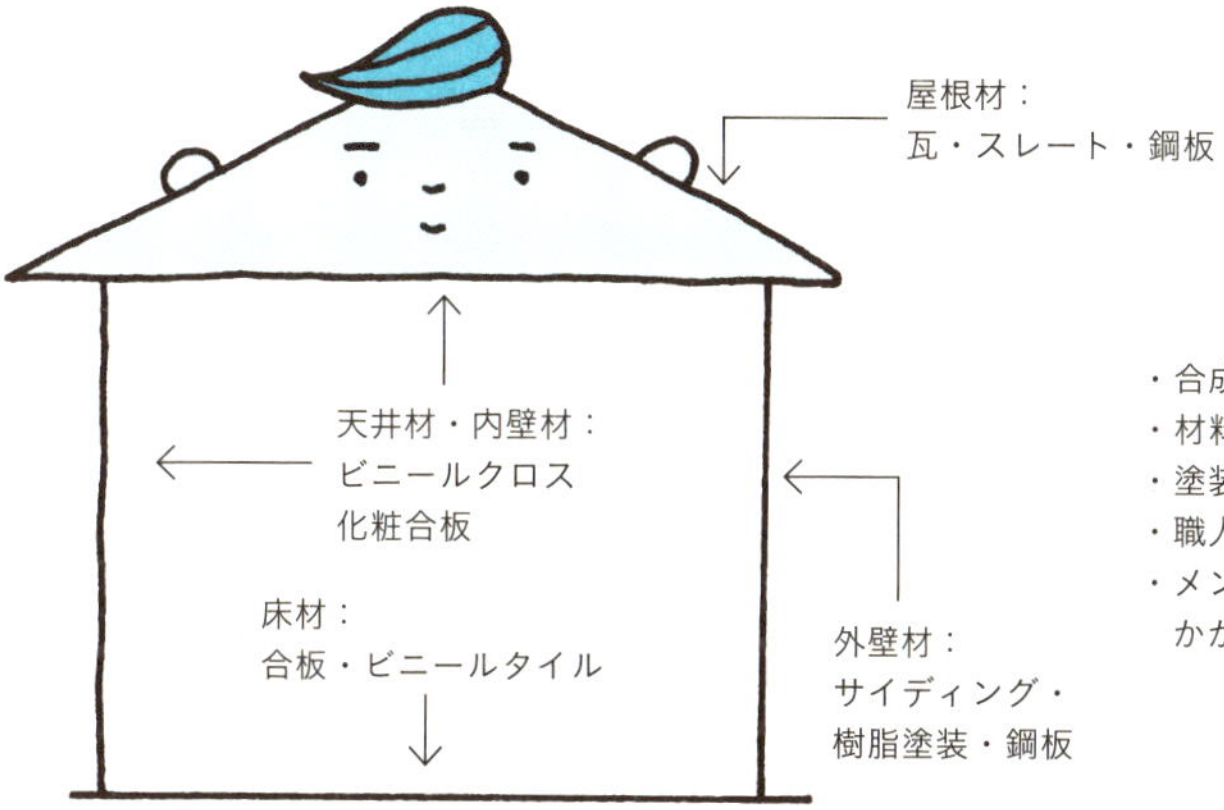


- 合成樹脂でつくる
- 材料が呼吸しない
- 塗装を行う
- 職人技がなくても施工が可能
- メンテナンスの手間がかかりにくい

**材料の特性を理解し、
用途に応じて使い分けます。**

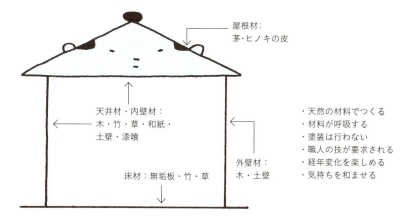

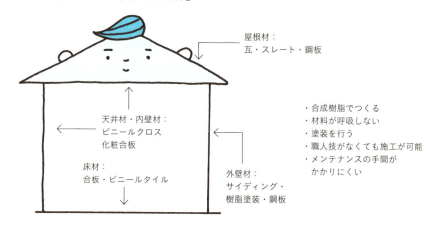

# 居心地の良さは足の裏で感じる

## 一番長く人が触れているところ。

今どきは、部屋でスリッパを履いて生活する家庭も多いようですが、日本は靴を脱ぐ文化。素足になると、心身ともに解放されて過ごせるような気がします。しかしその場合、床材と足裏の感覚の関係がとても重要になってきます。

木とタイルの床を比較すれば、木は温かく、タイルは冷たく感じます。5度くらいの温度差を感じるかも知れませんが、実際には全く同じ温度です。なぜ感じ方が違うかといえば、それは熱伝導率（熱の移動スピード）が違うから。熱伝導率の高い床では、体温が足裏から急激に奪われ、夏はひんやりと気持ちがいいですが、寒い季節は体を冷やす原因になります。

温度とともに「触感」「踏み心地」も心地よさを大きく左右します。やはり、柔らかい床は衝撃が和らぐので体には楽です。それは、ひいては生活スタイルをも左右します。スリッパで歩く冷たく固い床にはゴロ寝をしたくはなりませんが、無垢の木や畳、コルクやじゅうたん敷きの場所には抵抗なく寝転べるでしょう。

# 床材によって変化する生活スタイル

天井も壁も眺めるだけ。しかし床に触れずには生活はできない。
床材に応じて動作やくつろぎのスタイルも影響を受ける。

### 畳

イグサなどの繊維が表面に使用され、中身にも弾力性・保温性のある素材が使われている。そのため感触が心地よく、直接座ったり、ゴロ寝したりするのが気持ちいい。

### フローリング

無垢材を使用したフローリングは、自然な木目や色合いが目にやさしく、感触もいい。畳よりは固いので、座るときはラグや座布団などが必要になる。

### タイル

耐水性があるので、観葉植物を置いたりするインナーテラスやサンルームで清潔を保ちやすい。固いので、長時間過ごす場合はスリッパなどを履くことになる。

### じゅうたん

暖かく柔らかい起毛素材が、横になりたい気分にさせる。足音がしにくいのも利点。汚れるとシミになるなど、メンテナンスがしづらい側面がある。

# 床材によって触感はかなり違う

床材には何を選ぶか？　水に強い、床暖房を入れても変形しない、クッション性があって階下に音が響かないなど、必要な機能は何かを洗い出そう。そして、求める触感や見た目がどんなものかによって決まってくる。

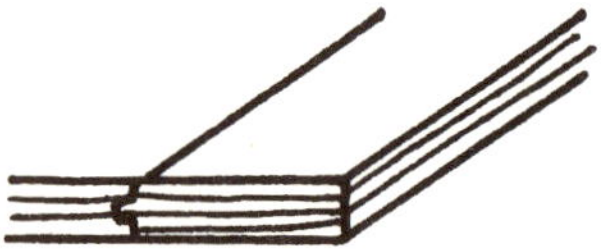

**合板フローリング**

ベニアを貼り合わせて加工しているので冷たく、足触りは固い。

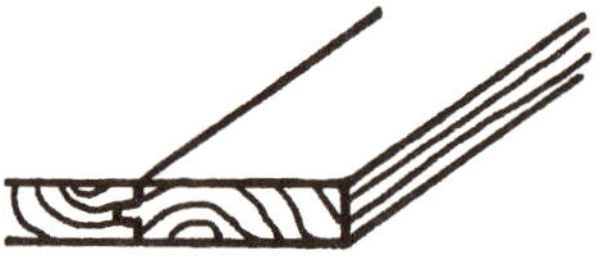

**無垢フローリング**

天然の木材なので、温かみがあり柔らかい（特に針葉樹）。

**畳**

柔らかく、夏は暑さを遮断し、さらりとした肌触り。冬は断熱性も保温性もある。

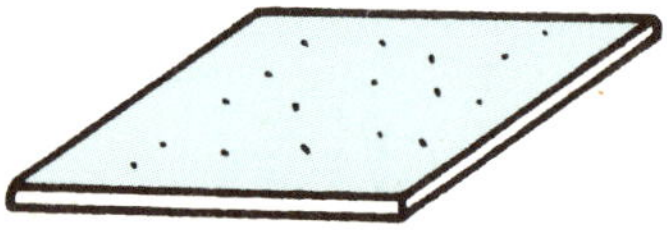

**コルク**

吸湿性、弾力性があり歩きやすい。天然素材なので温かさも感じる。

**タイル**

ヒンヤリと冷たく硬い。足への負担は大きいので、スリッパなどが必要になる。水に強い。

**クッションフロア**

ビニル系素材のため衝撃吸収性がある。厚いものほど歩行感や保温性に優れる。

# 「ひやっ!」は命に関わります

## 足裏からの「冷え」に注意する

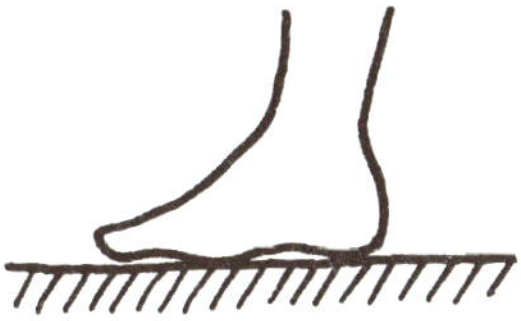

### 人体からうばわれる熱

体温の多くは蒸発・対流・輻射によって奪われているが、面積の小さい足裏からも26%もの体温が熱伝導によって奪われている。

### 床の冷たさが体のストレスに

冷えた床に直接足裏が接すると、激しい温度差に反応して急激に血圧が高まる。脳卒中につながることもあるので侮れない。

## 冷え込む場所の保温性を高めよう

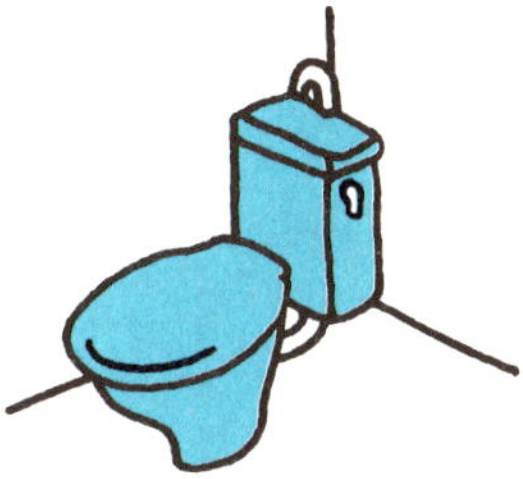

### トイレ

クッションフロア仕上げの場合、厚いものを敷くようにすると、保温性を高めることができる。

### 浴室

コルクなどを材料にした防水性のある浴室用タイルを用いたり、浴室暖房を導入したりするとよい。

### 廊下

気温が低くなりがちな廊下の床は、厚みのあるスギなどの無垢材にすると、保温性が少し向上する。

**常に触れている「床」にどんな素材を選ぶかは、思っている以上に大事です。**

# 「自然」が教えてくれる心地よい色

## 色選びは「自然」が先生。

内外装の色選びの基本は、自然の中にある色から学ぶことができます。草木の葉の彩度は3・5〜6・0が中心。これと同じ彩度を建築物の外壁に用いると、自然環境の中ではやや突出した感じとなります。そこで彩度を1〜2くらいに抑えると、緑との調和が図られます。

また、一般に日本人の色彩観は、反射率50%が基準になっていると言われています。それは人間の肌色が50%の反射率であることと関係しています。そして、和室が落ち着くのは使われている内装材が、スギ板、畳、塗り壁などであり、すべて50%以下だからです。

また、東京の表玄関ともいうべき東京駅には、外壁に反射率48%のレンガが使用されており、重厚で落ち着いた雰囲気になっています。特に夕暮れの西の光に照らされると、彩度をやや抑えた赤茶けたレンガは、まぶしさはなく、より一層美しい温かみのある表情を見せてくれます。煉瓦はまさに土の色、自然の色です。

## （住まいに合う「明るさ」と「鮮やかさ」）

**色の三要素**

**色相** ……赤・黄・青というように、10種の基本色。

**明度** ……色の明るさ。0〜10までの数値で表し、暗い色は数値が低く、明るい色は数値が高くなる。

**彩度** ……色の鮮やかさ。0〜14までの数値。白・黒・グレーなどの無彩色は0。広告・看板などは7〜8と高い。

草木の葉の彩度は3.5 〜 6.0。明度は4 〜 5くらい。
建物の外装や内装の色を決める際、この数字を目安にするとよい。

### 葉の色を数値で見ると？

自然の持つ色彩を知ることで、リラックスできる色や安心できる色を内装に用いることができる。

**紅葉したサクラの葉**

明度4／彩度10

**緑のイチョウの葉**

明度5／彩度6

**ケヤキの葉**

明度4／彩度6

### 住まいの心地いい明度と彩度

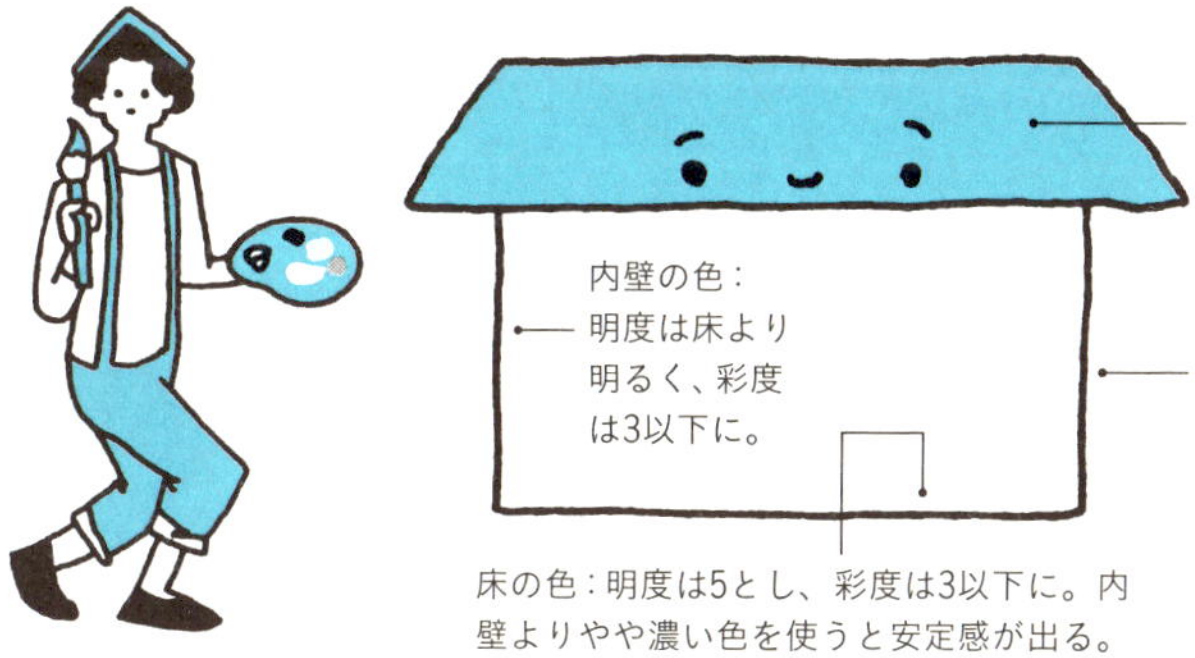


屋根の色：
明度は４程度のあまり明るくない色に。彩度は1を目安に。

外壁の色：
明度９くらいの明るい色を選び、彩度は屋根より少し抑える。

床の色：明度は5とし、彩度は3以下に。内壁よりやや濃い色を使うと安定感が出る。

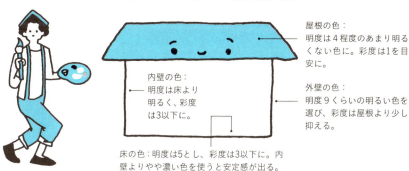

# ( 内装材と光のいい関係 )

素材によって、光の反射率に違いがある。反射率の高いものは硬質に、眩しく感じられることもあるので用いる割合に注意が必要だ。

## 素材による光の反射率の違い

日本人の平均的な肌の色の反射率は50%前後。和室が落ち着くのは、使用されている材料の反射率が50%以下だから。

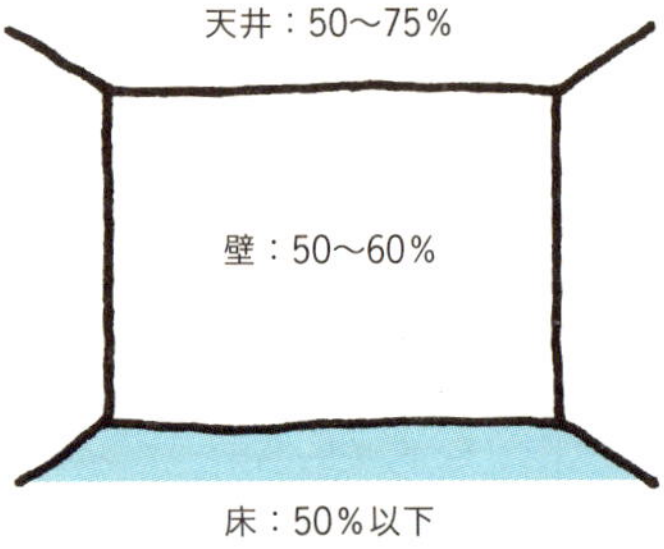


### 内装材の反射率は50%を目安に

全体的に反射率の高い材料を選ぶと、やや緊張感の高い空間になる。目に入る面積がもっとも多い壁を基準とし、床はやや反射率を抑えた材を選ぶと落ち着きのある部屋になる。

# 色づかいの4つのコツ

落ち着きのある空間にするためには、色彩選びの基準がある。

### 色・明るさは手の甲が基準

壁、床、家具などに手の甲より明るい色を使うと落ち着きが損なわれるので要注意。

### 天井は白が基本

天井は白い色だと10cm高く見え、黒い色だと10cm低くみえる。狭い部屋では白系を使い、空間を広く見せる。

### 床は壁よりも濃くする

床材と壁が同色系のときは、床にやや濃い色を使うと安定感が出る。

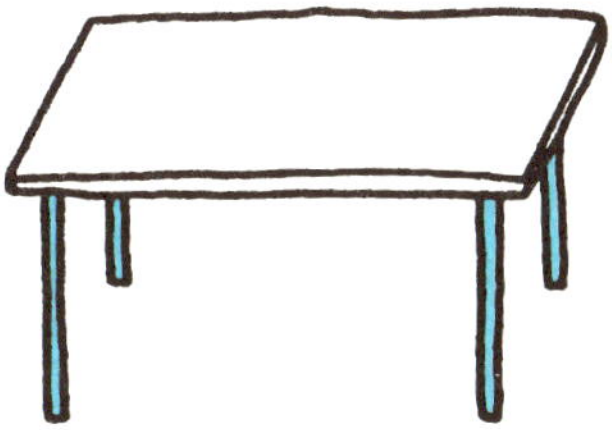

### 机の色は？

肌色より明るい黄色、ピンク、こげ茶や白など、明度対比が極端になると、疲れやすく落ち着かない。肌の色と同じくらいの明るさだと、勉強や仕事もはかどる。

**色選びに迷ったら、自然の中にある**
**色彩を参考にすることです。**

# 「間」というゆとりをつくる

## 小さな「用なきところ」はありますか？

「造作は用なき所を作りたる。見るも面白く、万の用にも立ちてよしとぞ」。これは『徒然草』の一文で、「家のつくりとしては、特に用もないところをつくっておくとよい。見た目にも面白く、いろいろ役に立ってよい」という意味です。間取りを考える際、できるだけ無駄を省いて機能的にしようとしがちです。しかし、そうした家はメリハリがなく、どこも均質で面白みに欠けるように感じたりもします。

そこで、たとえば用途のはっきりしているスペースとスペースの間に、小さな「用なき所」を設けてみます。するとスペース間の境界はやや曖昧となり、ひと呼吸する場、つまり「間（余白）」が生まれるのです。間は、視線のずれや広がり感をつくってくれます。また、階段の幅を少しゆったりつくると、視覚的にも余裕が生まれ、お気に入りのオブジェを飾ったり、ちょっと腰をかけて過ごしたりもできるようになります。このようなスペースも「間」です。

もしかしたら、「用なきところ」が、住まいを豊かにしてくれる、一番大事なカギなのかもしれません。

## 「間(ま)」は世界共通?

「間」とは、日本人に独特な空間的・時間的感覚である。

### 西洋人と日本人の「間」の違い

西洋人
- 時間 time, pause
- 空間 space, room

日本人
- 間をとる space
- 間に合う time

→ どちらも「間」

「間」という言葉を、日本人は時間と空間、どちらを表すものとしても用いる。つまり、4次元的な捉え方で、空間的・時間的なゆとりや余白として大切にする文化を持っている。しかし、「間」にあたる単語を英語の中に探してみると、「時間」に関するものと「空間」に関するものとに分かれていることがわかる。

### 絵画に表れる「間」を好む日本人の感覚

**西洋画** 画面すみずみまで、隙間なく描かれる。

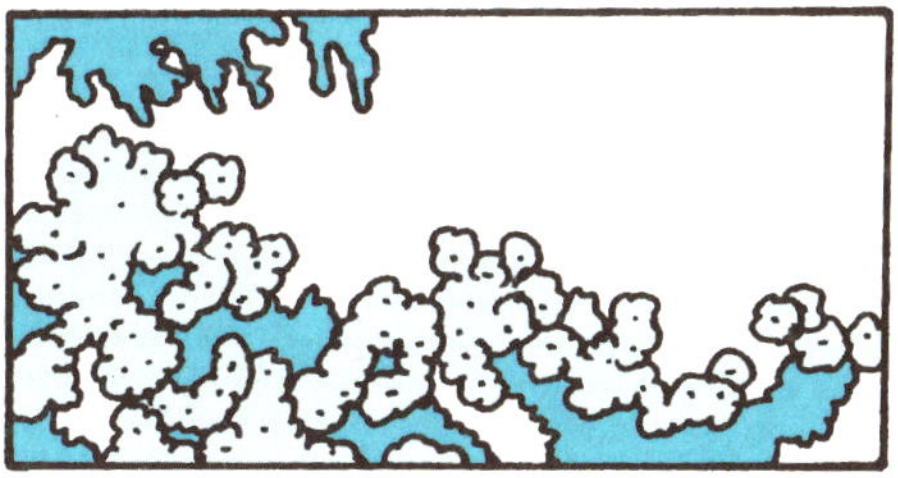

**日本画** 最小限の線で描かれ、余白で空間を感じさせる。

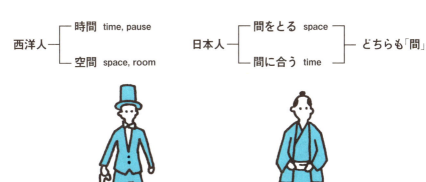

# 昔ながらの家の「間」を感じるところ

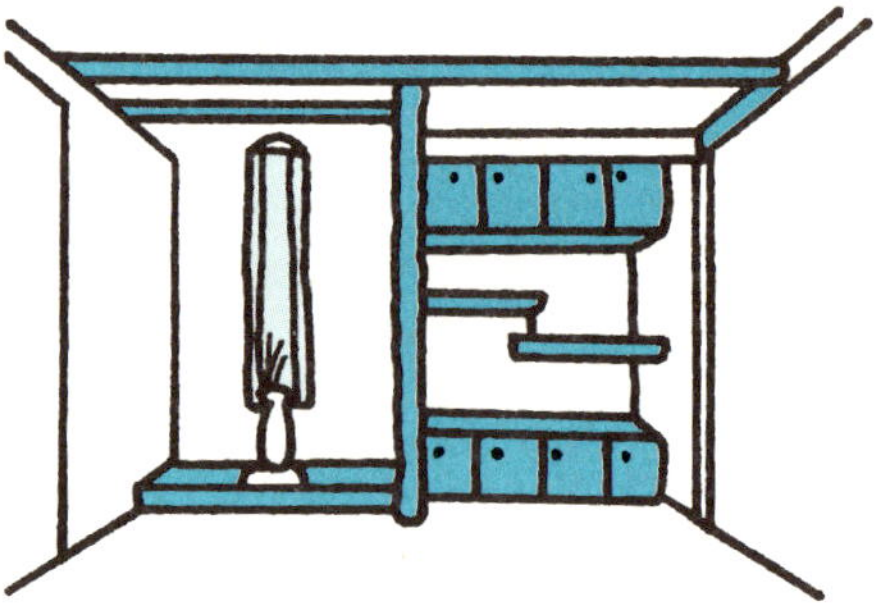

## 床ノ間

室町時代にできた武家住宅の形式「書院造り」が源流の、掛け軸や花などを展示する空間。飾るだけのスペースは、無駄と言えないこともないが、「美しいものを飾る」気持ちと行為を受け止める貴重な「間」だ。

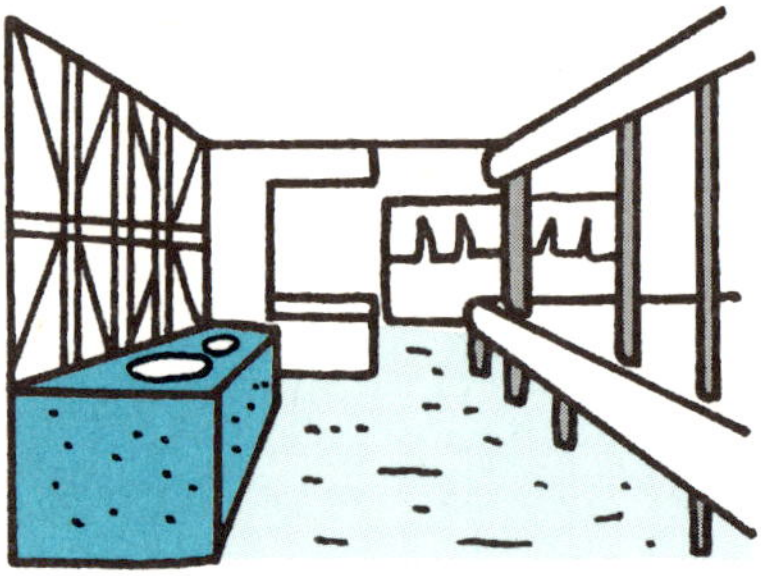

## 土間

昔の家では調理や農作業の場として土間は欠かせないものだった。現代でも、外と内の中間の場として、趣味のアウトドア製品の手入れや、ガーデニング後に靴を履いたままくつろぐなど、多様な使い方をクリエイトできる。

## 坪庭

京都の町家などによく見られるが、鰻の寝床のような細長い家に、光や風を呼び込む機能性に優れた存在だった。さらに、草木などで景観をつくることで、自然美や移ろいゆく季節が視覚化される。

# 現代の家にも「間」が欲しい

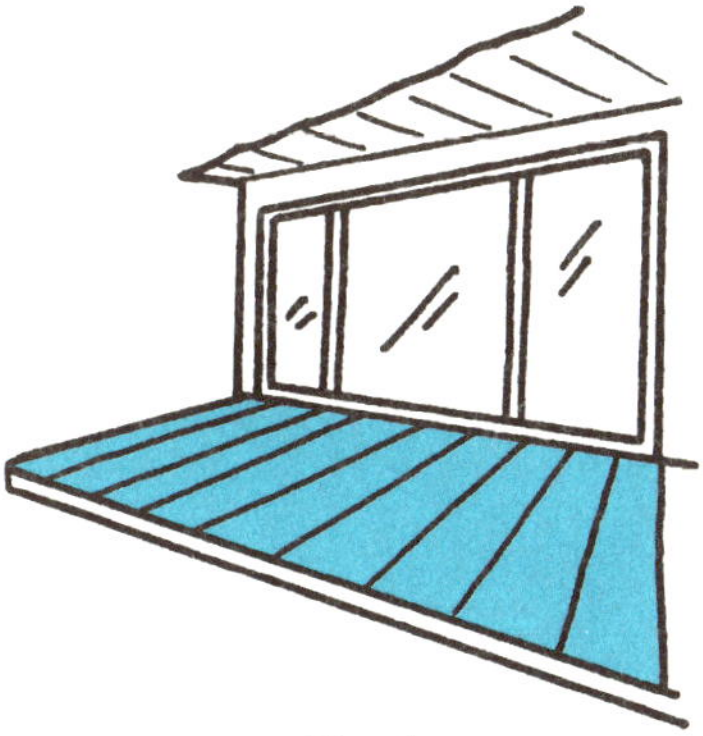

### デッキ

室内の延長として、また庭の一部ともみなせるデッキスペースは、縁側や土間に似ていろいろな利用ができる。暮らしをアクティブで開放的なものにしてくれる楽しい場所として、あるとよいもののひとつだ。

### 中庭

敷地が狭くても機能一点張りの住まいにするのではなく、部屋の広さを少し削ってでも中庭を設けると、潤いが格段に増す。気軽に外に出て外気に当たったり、植物を置くことで目を楽しませたり……。

### ニッチ

のっぺらぼうのそっけない壁に、ほんの少しの奥行きでもいいからニッチを設けてみると、とたんに飾る楽しみや遊び心が芽生えて、楽しい場所になる。視線を引きつけるアイキャッチがあると、場に奥行きが生まれる。

### 吹抜け

2階に床をつくらず、ぽっかり空いた「ただの空間」にする吹抜けは、1階の部屋に広がりや開放感を与えたり、高窓を付けて上からの光を採り込んだり、2階にいる家族と会話ができたりと、ありがたい「間」になる。

**住まいには曖昧なスペースを残しておくことが大切。**
**家全体にゆとりが生まれ、居心地がよくなります。**

# 非日常をつくる仕掛け

## 非日常は日々の暮らしを慈しむ目から生まれる。

行事やお祭りに参加すると、元気が出てきませんか？　それもそのはず、もともと日本の行事には人に元気を与える力が備わっているからです。古来よりハレ（晴）とケ（褻）という概念があり、晴れ着を着るハレは年中行事やお祭りなどの非日常をさし、ケは仕事などの日常をさします。日本建築においても、ハレの日には調度品をそろえ、床ノ間に掛軸や生花を装飾し室礼《しつらい》をしながら非日常空間をつくり出してきました。

今日では生活スタイルが多様化し、そうした「室礼文化」は影をひそめてしまいました。しかし、生活に潤いや楽しみを与え、精神性をも感じさせる非日常性を住まいの中で演出することは、日々をいきいきしたものにしてくれます。

光の採り入れ方や色使い、素材の質感、照明の手法などによる印象的な場づくりは、ちょっとした非日常を感じさせてくれます。野の花を飾る小さな壁の凹みや棚を設けるだけでも、しつらいに気を配るきっかけづくりになるのでお勧めです。

# （非日常ってどんなとき？）

## 日常（ケ）があるからこその非日常（ハレ）

毎日がお祭り（ハレ）では疲れてしまう。
日常（ケ）を淡々と過ごす時間も大切だ。
そのメリハリがあるからこそ、ハレの
時間が引き立ち心躍るものとなる。

## 心のときめく時間、それが「非日常」

誰しも心がワクワクするような時間を
求めて活動する。伝統行事やレジャー
など、「ふだんとは違うこと」は気持
ちに刺激を与え、楽しい気持ちになる。

季節の行事

ホテルで食事

バーベキュー

家族旅行

非日常のワクワク感を住まいに取り入れることはできないか？

# キーワードは“変化”

住まいの中に個性的な場所や飾れる場所、自然の変化を感じられる場所をつくると、それが生活の中に新鮮な感覚（非日常性）をもたらしてくれる。

### 和室→狭いからこそ床の間を

狭い部屋に、あえて収納ではなく床の間をつくる。アートや花などを入れ替えながら飾ることで、変化を感じさせることができる。

### 玄関・水回り→外の緑を取り入れる

外に植えられた緑が季節ごとに違った姿を見せ、住む人の心に潤いを与える。とくに洗面室や浴室などにあると気持ちが良い。

### リビング→壁の一部やコーナーの色を変える

内装の一部に彩度の高い色を使うことで、視線を集める。空間にメリハリができ、特別な雰囲気をつくることで非日常性を演出。

## 意外性のある光をつくる

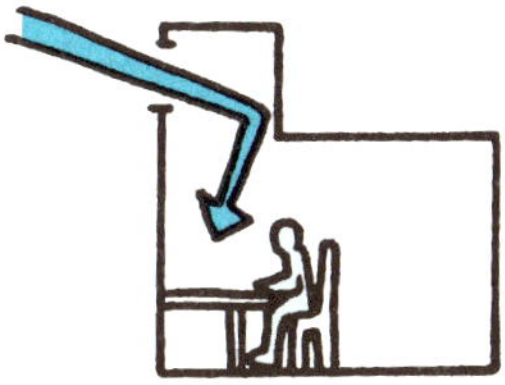

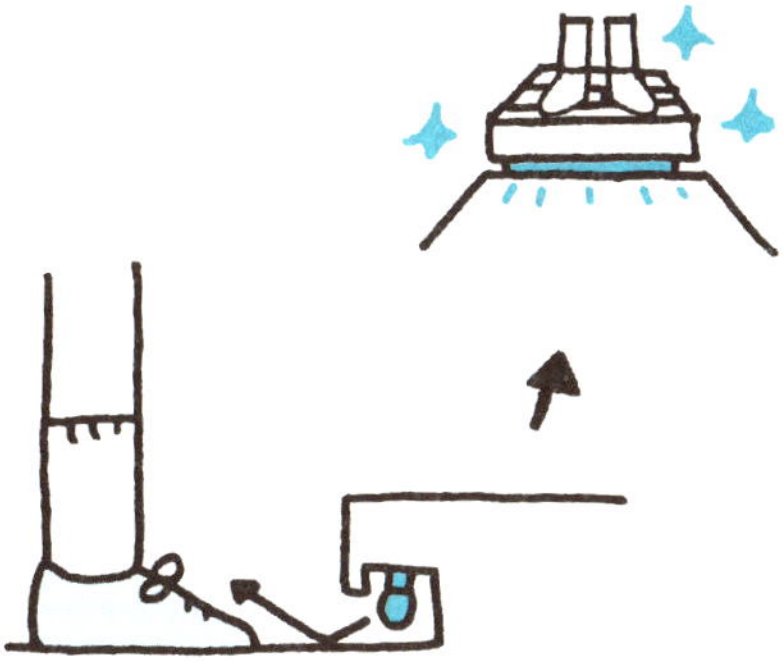

高窓から採り入れた光を壁に反射させ、明るさだけを感じさせる採光の手法。窓そのものは視界に入らないので、意外性がある。

玄関の上がり框の下に間接照明を組み込む。光源が見えず、光だけを感じることができる。足元を照らすというのも意外性をもたせるアイデア。

## 異質で存在感のある建材を取り入れる

タイルや金属、自然石、色ガラスや、表面の凹凸がゆらぎのある光をつくるガラスなど、目を引く素材を添える。とくに視線を引き付けたい場所にアイキャッチ的に用いると効果的。

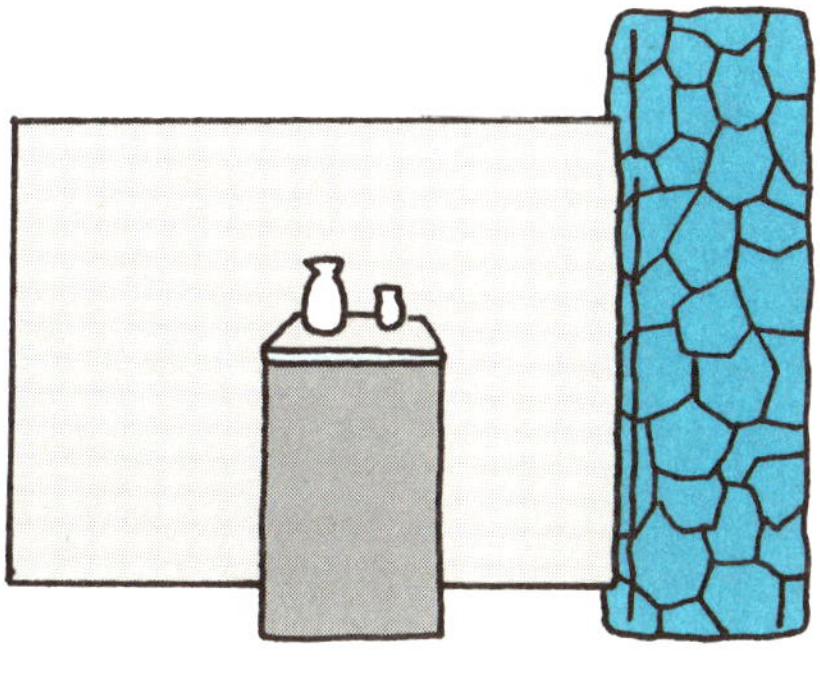

**素材や光、風景に“変化”を加えることで、**
**日常に新鮮さがもたらされます。**

# 千円札は住まいの基本モデュール

## 寸法に隠された無意識のルール。

日本の家づくりには昔ながらの「尺貫法」が用いられています。住宅の規模を表す単位は、不動産情報でもおなじみのように「坪」。一坪は六尺×六尺で、畳二枚分です。「尺」は、字形からも簡単に連想できるとおり、昔は親指と人差し指を広げた長さ（約15㎝で、現在の一尺＝約30㎝の半分）だったようです。人の身長は、その約十倍と一致します。尺貫法が元々は身体尺からつくられたものだと知ると、畳一枚が人一人が寝そべる大きさであることも自然に思われます。

実は、出窓の奥行き45㎝、キッチンの奥行き60㎝など、家の中の寸法を測ってみると、15の倍数になっていることが多く、建材もそれをもとにサイズが決められています。家づくりで寸法を決めかねるようなときには、15㎝がひとつの基準になることを覚えておくと便利。ところで、千円札の長辺も15㎝であることも面白い符合です。どういう経緯でそのサイズが採用されたのかはわかりませんが、体にフィットした扱いやすいサイズであることは間違いありません。

# （千円札も手も畳も“15”のなかま）

## どちらも15cm

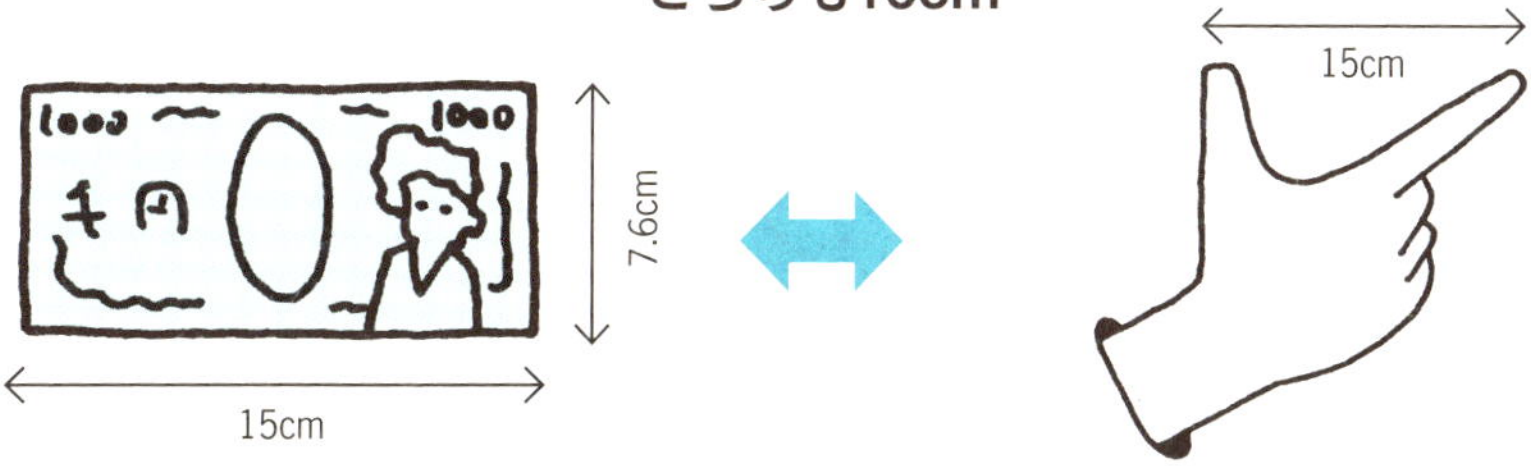


親指と人差し指を広げたときの両指先の間の長さ「あた」は、
ほぼ5寸（＝15cm）。千円札の横幅も同じく15cm。

## 「畳(じょう)」「間(けん)」「坪」の単位も15の倍数で成り立っている

1坪は畳２枚分

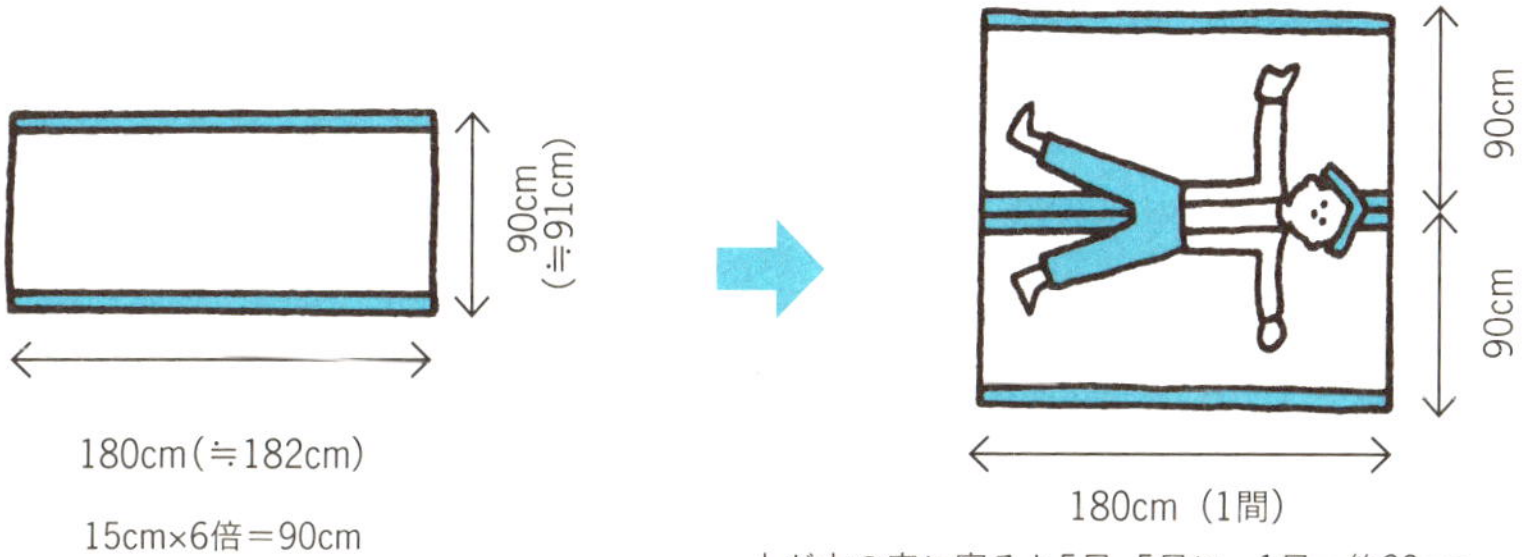


15cm×6倍＝90cm
90cm×2倍＝180cm

人が大の字に寝ると5尺×5尺に。1尺＝約30cm
周囲に1尺ずつの余裕分をプラスした「6尺×6尺＝1坪」

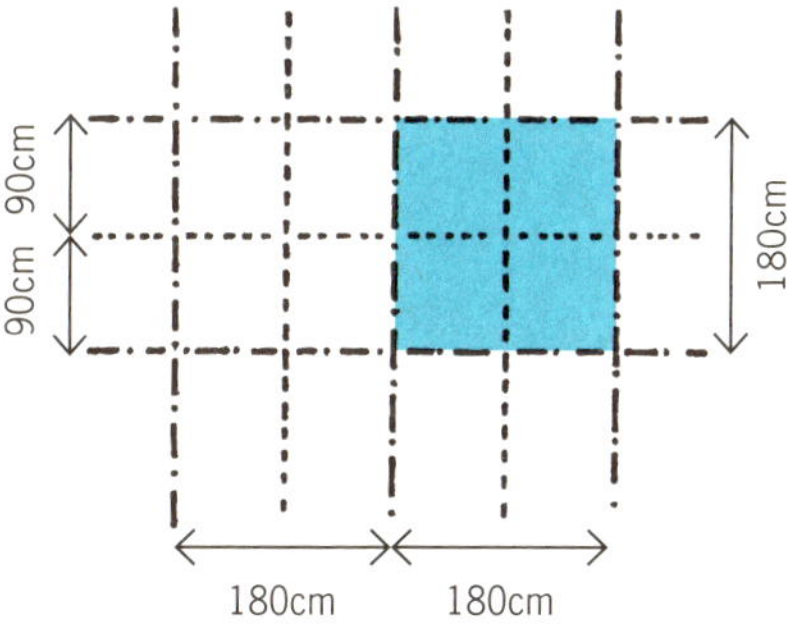


### 畳2枚分(180cm×180cm＝1坪)を間取りを考える下地に

180cmは1間。1間×1間は1坪。1坪のグリッドを下地に書いておくと、間取りを考えやすい。さらに90cmのラインも入れておくと細やかに考えられる。

# 家も身体も15の倍数が当てはまる

## 千円札と身体尺の1単位「あた」はどちらも15cm

**千円札18枚＝270cm** …… 理想的なキッチンの巾

**千円札16枚＝240cm** …… 一般的な天井高さ

**千円札14枚＝210cm** …… 建築基準法における居室の最低天井高さ

**千円札12枚＝180cm** …… 「1坪」の一辺の長さ

## 日本人女性の平均寸法も千円札の倍数で表すことができる

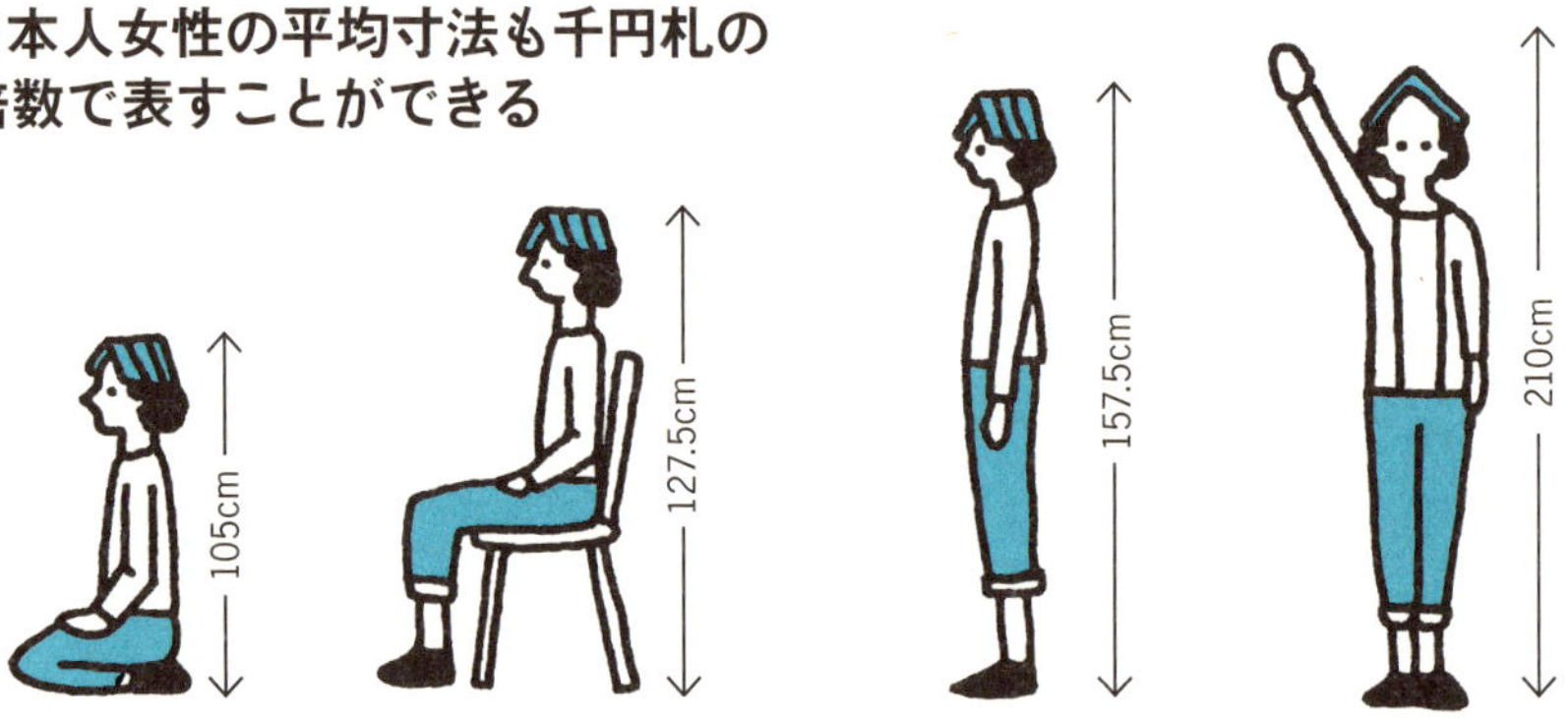


千円札7枚

千円札8.5枚

千円札10.5枚
腰までは千円札6枚

千円札14枚

## おまけですが……

### 1万円札の大きさは……

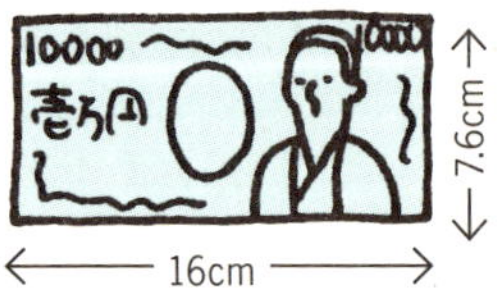


1万円札は千円札より横幅が1cm大きい

### 5千円札の大きさは……

5千円札は千円札より横幅が6mm大きい

# （身近なものの寸法を測ってみよう）

## 15cmでインテリアを考える

洗面所の収納

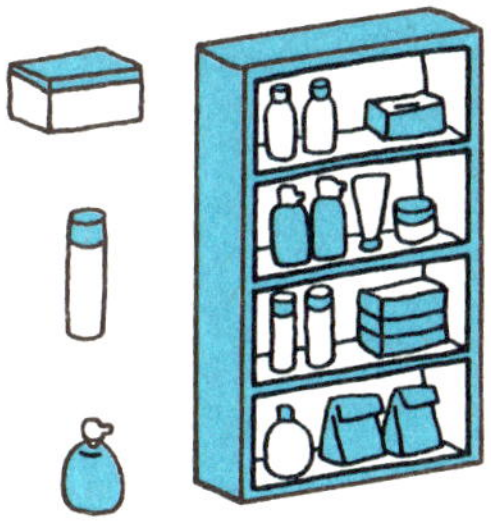

シャンプーや洗剤のストック、化粧水の瓶などは奥行き15cmの収納があればスッキリと片付く

作業しやすい範囲

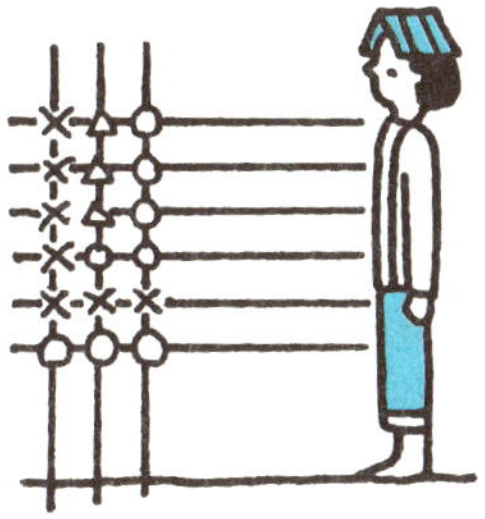

作業しやすい高さを考えてみるときは、15cm刻みに

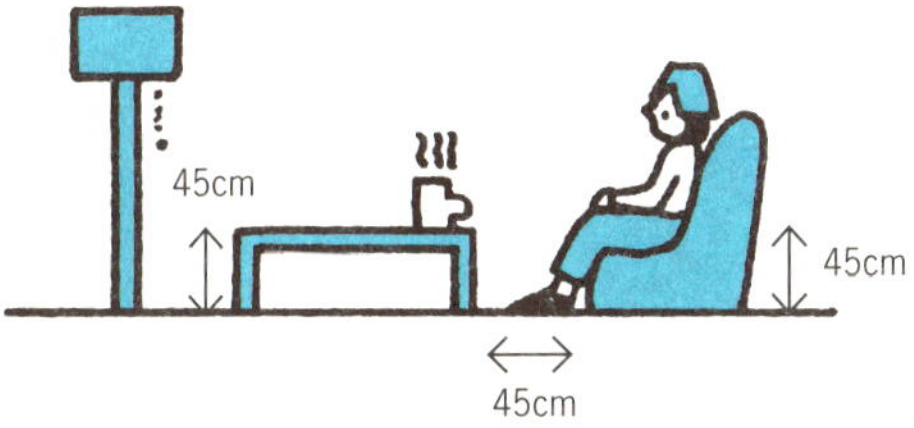


リビングのソファの座面の高さ、テーブルの高さは共に45cm。ソファとテーブルを離す距離も45cm程度が使いやすい

## 都市も身近な寸法の延長線上に成り立っている

身近な家具や住まいを人体寸法を基準としてつくることはもちろんだが、大きな建築物や、それが集合した都市もまた、ヒューマンスケールを無視したものではあり得ない。すべての基本は人の身体感覚だ。

# 畳で広さをイメージしてみる

間取り図だけを見て広さをイメージすることは難しいが、
部屋を畳の大きさに当てはめるとイメージしやすくなる。
ここでは一般的な大きさを紹介する。

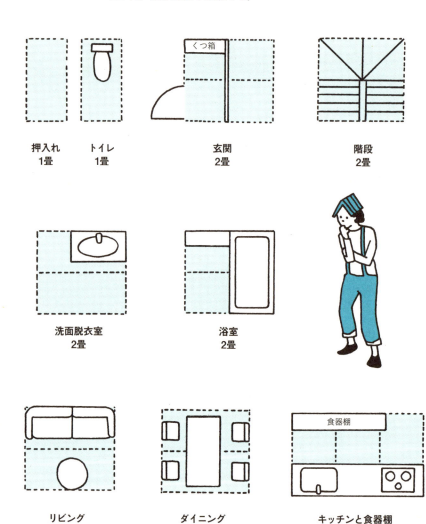

押入れ
1畳

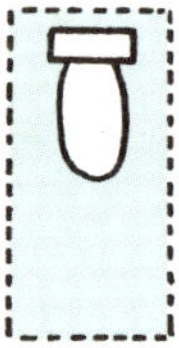

トイレ
1畳

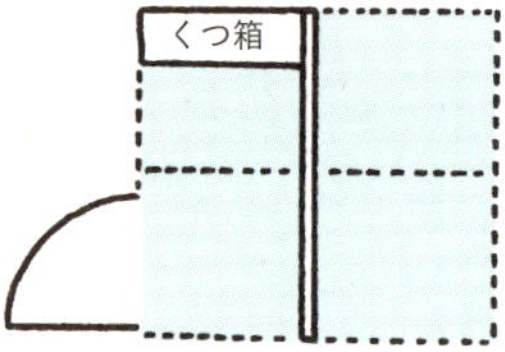


玄関
2畳

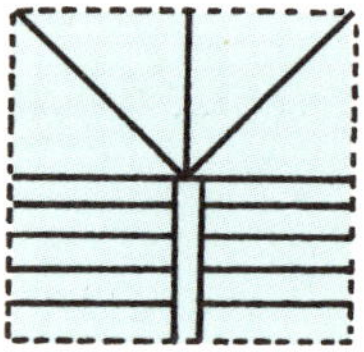

階段
2畳

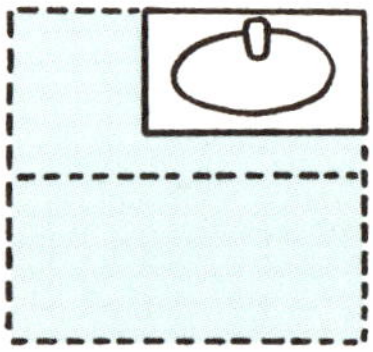

洗面脱衣室
2畳

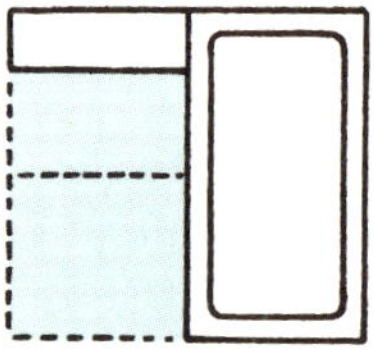

浴室
2畳

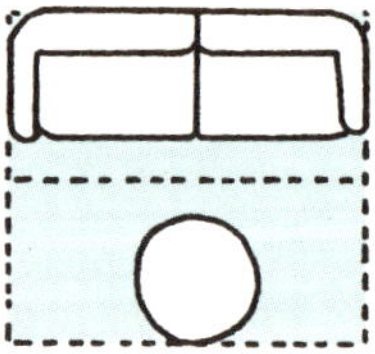

リビング
ソファとテーブル
2畳

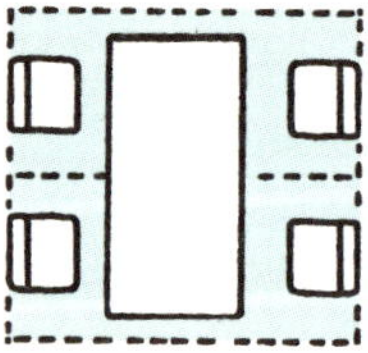

ダイニング
テーブルと椅子
2畳

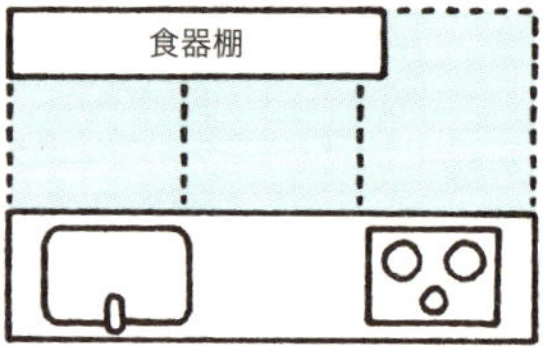


キッチンと食器棚
3畳

## 間取り図の感覚をつかもう

32坪（4間×4間）を目安に４人家族に必要なものを割り振ってみる。4間×4間＝16坪＝32畳がワンフロアの広さになる。玄関や浴室などの一般的な広さを差し引くと、家族で使える広さ（LDK、寝室など）は24畳となる。

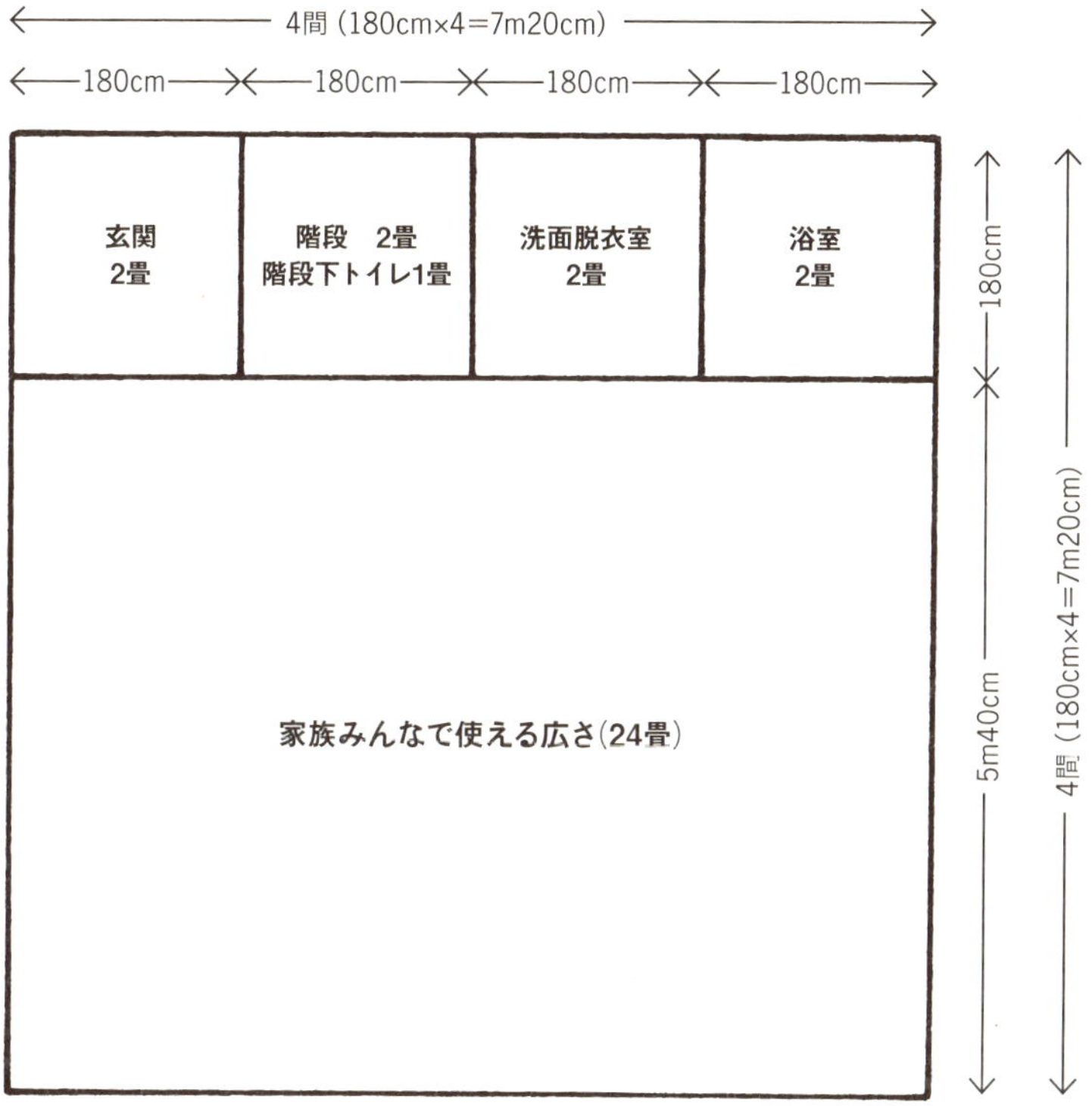


**基準となる寸法を感覚的に把握しておけば、**
**図面から広さのイメージがつかみやすく、**
**アイデアも考えやすい。**

# 暮らしに合った
# ハコを考える

## 長く愛せる家のつくり方

# 帰りたくなる玄関が欲しい

## ホッと心がほどける場所。

玄関は単に「靴を脱ぐ場所」という機能だけが残された、つまらない場所になっていることが多いように思います。床面積が限られる場合は、どうしても居室を広くしたいため、それ以外の場所の広さが削られる傾向があります。しかし、家の中と外との境界である玄関こそ、大切に扱いたいものです。

飾る場所を設けたり、デザインや照明を工夫して質の高い空間にすれば、来訪者に与える印象も良くなるし、家族が出かけるときや、帰ってきたときの心理的な切り替えにもいい影響を与えます。いいホテルや旅館も、ロビーが気持ちいいと心がほぐされますよね。同様に、帰宅してドアを開けたときに、「やっぱりわが家はいいなあ」と思える玄関にしたいものです。

扉一枚で道路に直面した玄関には余裕のなさが感じられ、おすすめしません。道路から玄関までのひと呼吸、これが、気持ちの切り替えにとても大事なのです。大邸宅の車寄せとまでは言いませんが、狭い土地でも、建物の配置や塀の設け方など、設計上の工夫ができます。そして、少しでも玄関先に緑があるといいですね。

## 改めて、玄関の役割を考えると……

### 外と内をつなぐ

外と内をつなぐ空間として、心が落ち着くしかけや雰囲気が大切。

### 靴を脱ぐ・接客する

靴を履きかえる動作のためのゆとりや、靴・コート・傘などの収納スペースが必要。接客を行う場。広ければ土間として多目的にも使える。

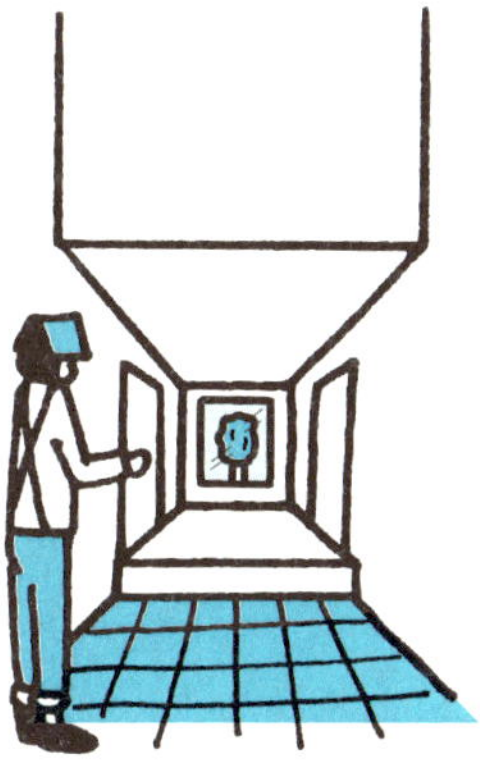

### 住まいの第一印象を決める場所

見せ場のひとつとして、出入りをドラマチックに演出。他の場所とは区切って独立性の高いデザインにできる。心理的な切り替えを促すようなしつらえがあるとよい。

# 導入部から気持ちよく

道路から玄関への導入（アプローチ）からしっかりデザインすると、印象が良くなる。敷地が狭くて余裕がない、というときも、工夫次第で演出できる。

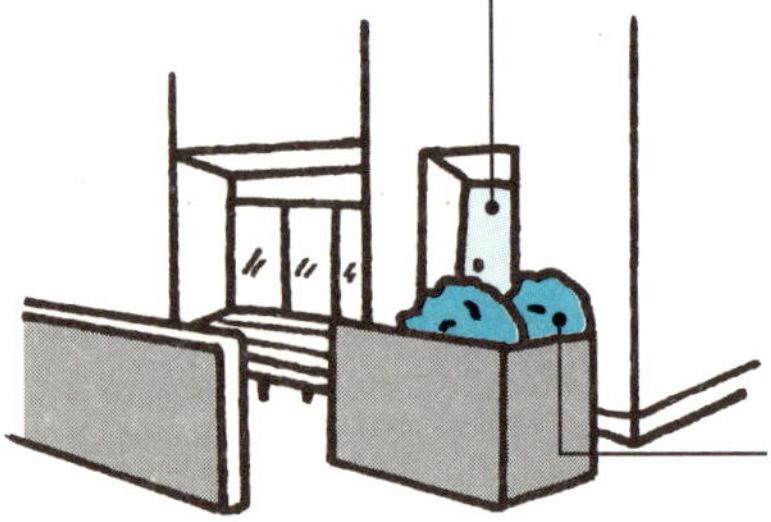
玄関ドア
植栽を植えて街にも緑を提供


## 庭とアプローチを兼ねる

敷地全体をひとつの建築と見立てて、庭とアプローチを一体的にデザイン。敷地が狭くても、ゆとりを感じさせるための手法。

## 視線の方向を変えさせ、壁で奥へと誘導する

短いアプローチでも、歩く方向を途中で変えさせる。歩く距離が長くなることで、奥行きが感じられる。

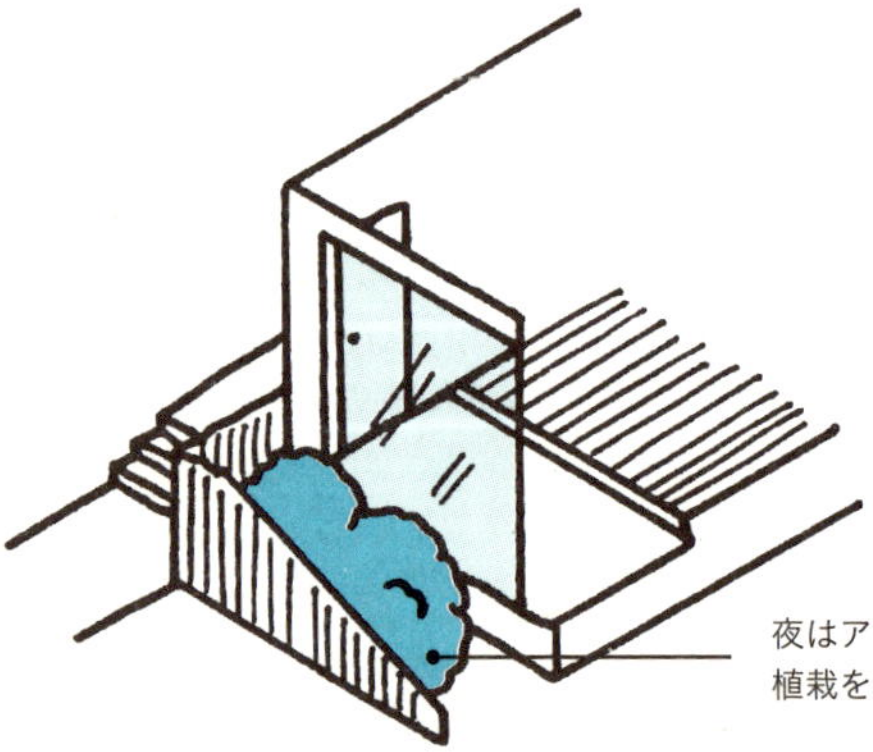
夜はアッパーライトなどで
植栽を浮かびあがらせる


## 広がりと落ち着き、相反する効果を共存させる

玄関の壁をガラス張りにして、外とのつながりや広がりを演出。外からの視線は、ルーバーと植栽でやわらかく遮る。開放感が得られ、プライバシーは守られる。

# ( 玄関を魅力的にするしかけ )

「ほっ」とできる玄関をつくるのは、照明と収納。

## 明かりで安心感や家庭のあたたか味を感じさせる

窓から漏れる明かりは、中で家族が待っていることの象徴。帰ってきたことの喜びと家族に迎え入れてもらえるという安心感が生まれる。

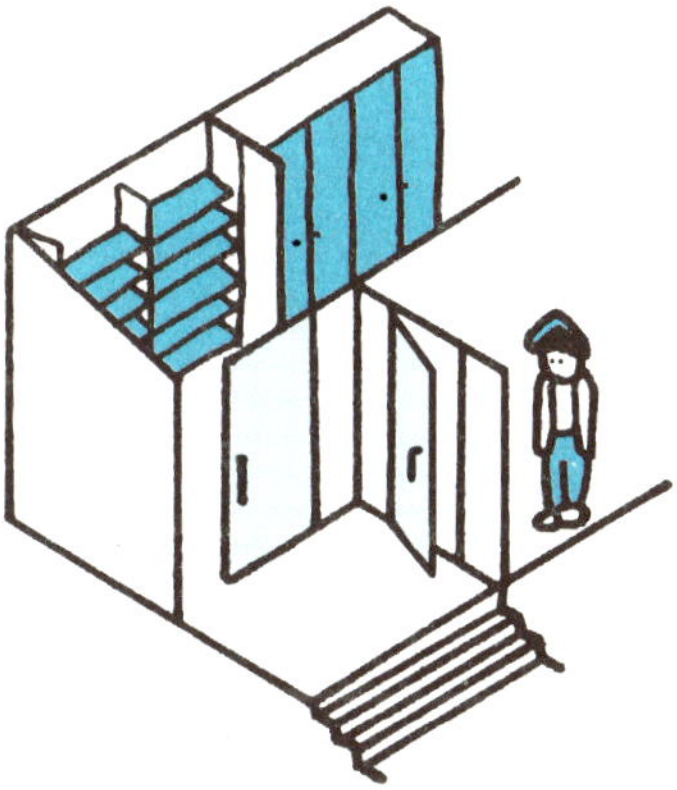

## 散らかりがちな場所だから、隠す大型収納を

玄関横にウォークインクロークをつくり、靴収納や上着をしまう場所も用意。家族はクローク内で靴を脱ぐようにすれば、玄関を常にきれいな状態に保つことができる。

**機能性が大事だが、**
**心理的な切り替えができるゆとりも大切に。**

# リビングには求心性がほしい

## モノではなくふれあいが人を引き寄せる。

便利になった現代社会ではある程度、生活の機能を外で代用することができてしまいます。食事ならレストランへ、お風呂は健康ランドに行けばよい、というように。しかしどうしても代用できないものもあります。「団らん」です。団らんは、家族の絆をつくる複合的な行為なので、何かで代用することはできません。ですから、家づくりで一番始めに考えてほしいのは、団らんのあり方です。そして、他の部屋との関係性をふまえた、求心性のあるスペースづくりが大切になります。

「リビング」のイメージといえば、南側の一番広い部屋で、大型テレビとソファがある……という感じでしょうか。まずは、いったんその固定化したイメージを壊してください。そして自分たちが現実に行っているくつろぎのスタイルや、時間を振り返ってみましょう。それは、どんな様子でしょう。リビングが単なる「テレビ部屋」になっていませんか？　お互い忙しい家族が、快適に、長く一緒に過ごせる場所であること。そこから出発すると、何が大事なのかが見えてきます。

# （リビングって、本当にこれでいいの？）

今のあなたの家のリビングはどんな状態だろうか？
家族が集まる心地いい場所になっているだろうか？

## リビングはテレビ部屋？

テレビを中心にしたソファの配置がされていて、テレビを見るための場になっていないだろうか？　そういう部屋は、テレビがついていないと「なんとなく寂しい」と感じてしまう。常にテレビがついていると、会話が生まれにくい……のではないだろうか。

## リビングは家族共有の収納部屋？

家族共有のものが集まるので、常にゴチャゴチャしていないだろうか？　ものが増えるに従い収納家具を増やした結果、統一感のないインテリアになり、落ち着かない部屋になっている家も多いはず。

# 家族を引き寄せるしかけをつくる

リビングは、居心地のよさも大切だが、パソコンや宿題をする机をつくるなど、そこにいることが必然になるようなしかけをつくるのも手だ。料理や食べることが好きな家族には、ダイニング＝リビングにするなど、個性を生かせるリビングを自由に発想してみよう。

### 共有の机に集まる

家族共有の机がリビングにあると、勉強やパソコンなどをしながら家族と一緒にいられる。

### 遊び心のあるスペースをつくる

ハシゴで行けるロフト収納をつくると、遊び心のある子どもの居場所になる。

### テレビの存在感は小さめに

会話を奪うテレビとは、ガッツリ向き合うことをせず、リビングとダイニングの間に配置。積極的にテレビを楽しむときのために、画面の向きを変えられるようにしておくと便利だ。

### ダイニング中心型

料理好きな人にはダイニング中心のリビングを。料理を作っている最中にも家族がダイニングに集まる楽しい空間となる。

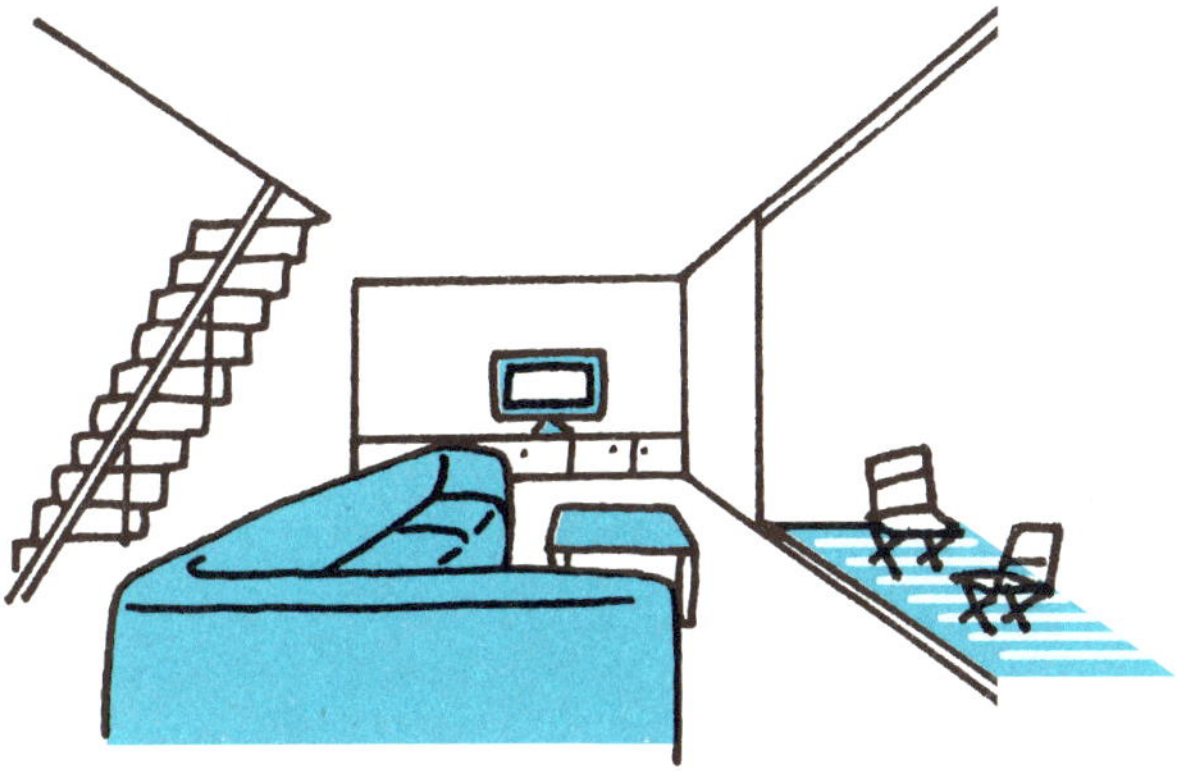

### デッキとつながるリビング

デッキの床を、室内と同じ高さにして出入りをしやすくし、天井までいっぱいの開口にして外との連続感を強調。ソファはTVの方向ではなく、デッキ（庭）に向けて配置。四季の変化を感じながら会話を楽しむことができる。

既成のイメージにこだわらず、
自分達にふさわしいスタイルを見つけよう。

# キッチンはスクランブル交差点

料理をつくるところ、
それとも家族が集うところ、
どちらにしろ腕の見せどころ。

今やキッチンは、「食事の支度をする」という本来の目的に「コミュニケーション」という目的が加わり、住まいの中心的な役割も果たすようになりました。ある意味、住まいの見せ場でもありますが、憧れやかっこうのよさだけで選択してしまうと、本来必要な作業性が損なわれたり、落ち着かない空間になってしまったりします。

そうならないように、キッチンに何を求めているかを明確にしてから、配置計画やキッチン形状を決めていくことが重要です。例えば複数の人が一緒に料理をすることがあるか、客を招いたときにキッチンを見られることをどう思うか、片付けは誰がどんなふうにするかなど、一度整理してみるといいかもしれません。

そして、動きやすい機器の配列はもちろん、作業効率が良くなるように、細かい寸法の積み重ねをしっかりと確認しておく必要があります。一歩動けば手が届く範囲なのか、一歩半なのかによっても、動作のリズムは変わってくるからです。

## 後で「しまった!」とならないために

後で後悔しないように、ありがちなキッチンでの失敗例をここでチェックしておこう。

### 手許隠しのつもりが会話の障壁に

立ち上がり壁があるとキッチンを隠せるが、高く立ち上げ過ぎるとダイニングとの一体感が分断されてしまう。

### 流し台から食器棚へと旅をする

キッチンと背面の食器棚の距離が離れ過ぎていると作業効率が悪くなる。90cm程の距離が使いやすい。

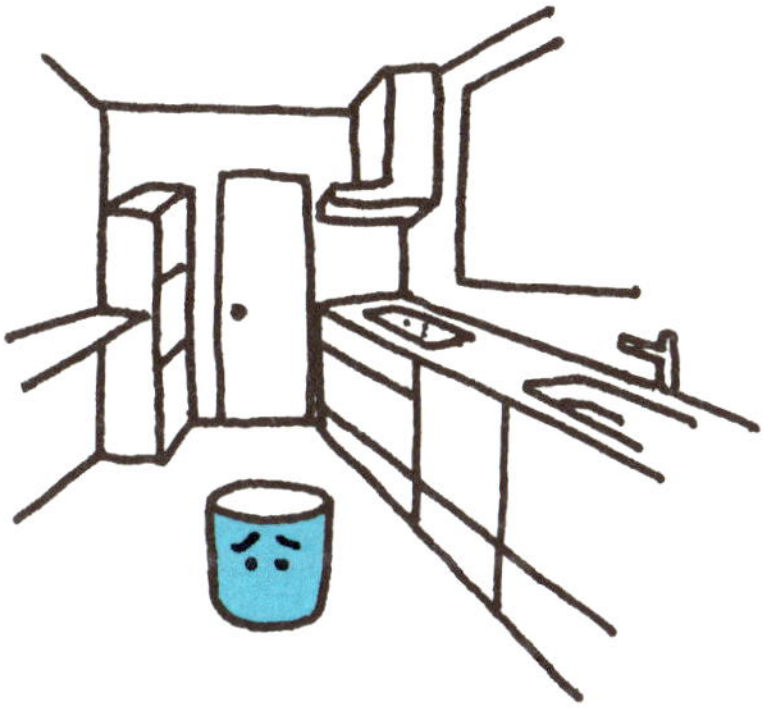

### イス取りゲームに負けたゴミ箱

キッチンで出るゴミは分別のためにゴミ箱を複数使うことになる。思っている以上に場所を取り、表に出ているとじゃまなので、最初から計画の中に入れておく。

### ピッタリ過ぎは失敗の元

冷蔵庫が壁にぴったりとくっついていると、扉を全開することができないことは、前もって理解しておく必要がある。また、あまりにゆとりのない設計にすると、買い替えの時に選べる機種が限定されてしまう。

# キッチンの基本寸法を知ろう

キッチンの一般的な寸法はだいたい決まっている。それを知識として持っていると、間取りを考える際にも役に立つし、失敗が少なくなるだろう。

## キッチンまわりの寸法

流し台の高さは、主に使用する人の身長に合わせる。「身長÷2+5cm」を目安に考えるといいだろう。流し台と背面に置く家具や冷蔵庫までの距離は、一人で作業する場合と複数で作業する場合では違ってくる。

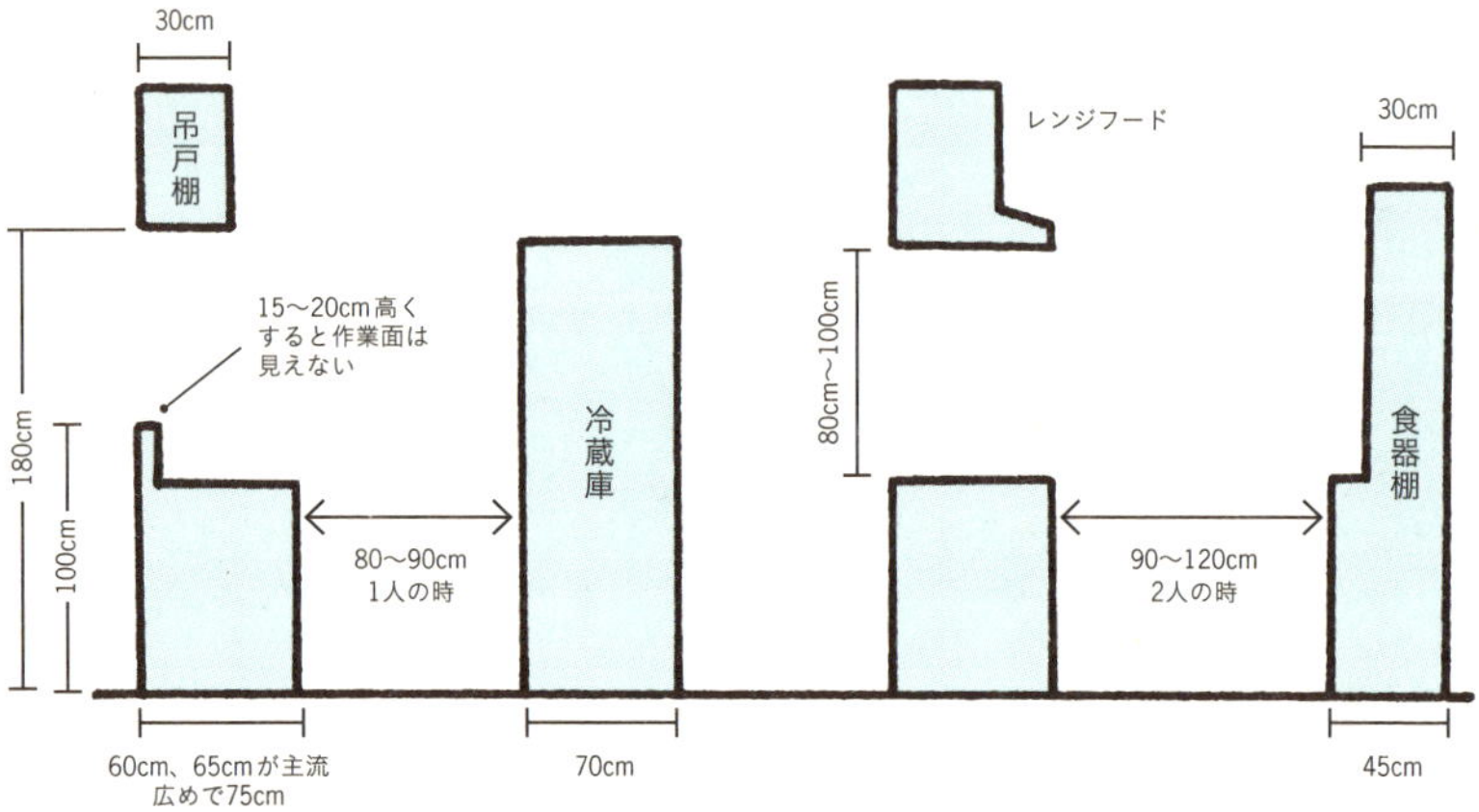


## キッチンの理想のサイズ

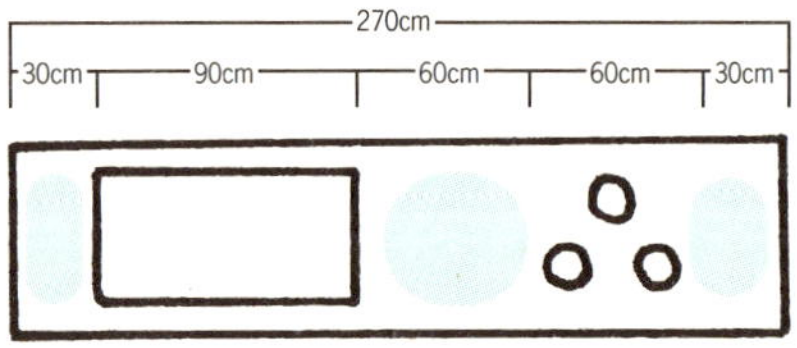


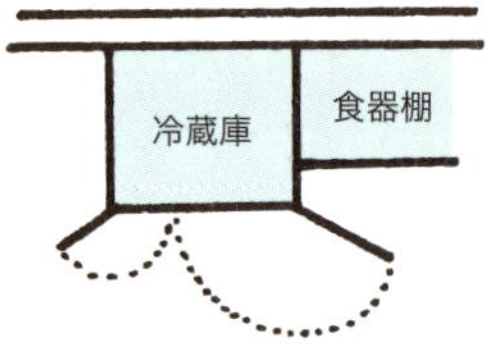


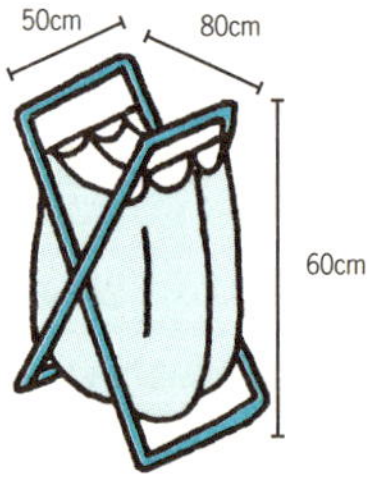


作業スペースが複数あると使い勝手がいい。オーダーメイドのキッチンにするなら、シンクの下にゴミ箱が入るようにするとよい。

### 冷蔵庫の位置

扉を大きく開けたい場合、サイドは壁との距離を空ける。冷蔵庫より奥行きの浅い食器棚などを脇に置けば、扉の開きを妨げられない。

## 間口の確保が大切です

どれだけの間口（幅）が取れるかによって、可能なキッチンのレイアウトは変わる。希望のキッチンに合わせて間口を確保するか、与えられた間口の中で可能なキッチンを選ぶか。

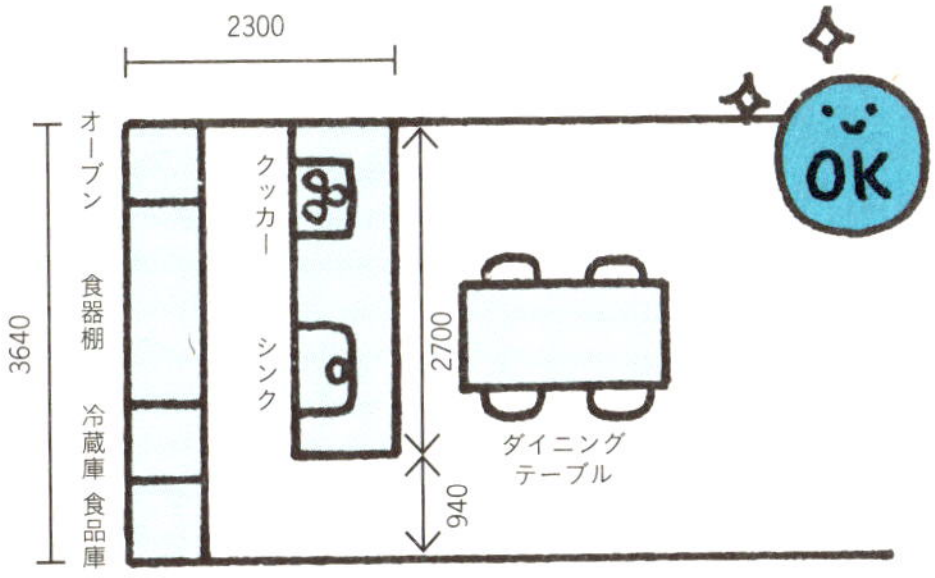


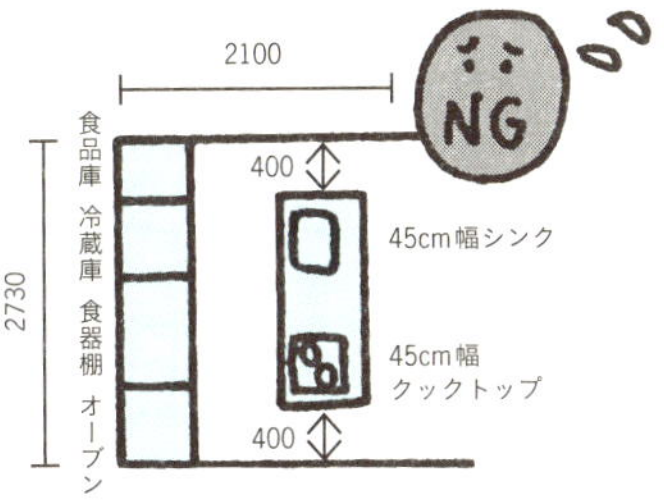


### 一般的なサイズの間口とは？

必要なものがすべて収まる、過不足のない一般的なパターンのキッチンは、間口2間（3640㎜）が必要。図は、キッチン台のどちらかを壁に寄せた対面式の例。

### 間口が狭いと アイランドキッチンはムリ？

間口1.5間（2730㎜）の場合、アイランドキッチンにすると、両側に40㎝しか空きができず、通り抜けができないので不可能。どちらかを壁に寄せても、小さなキッチン台しか置けず余裕がない。

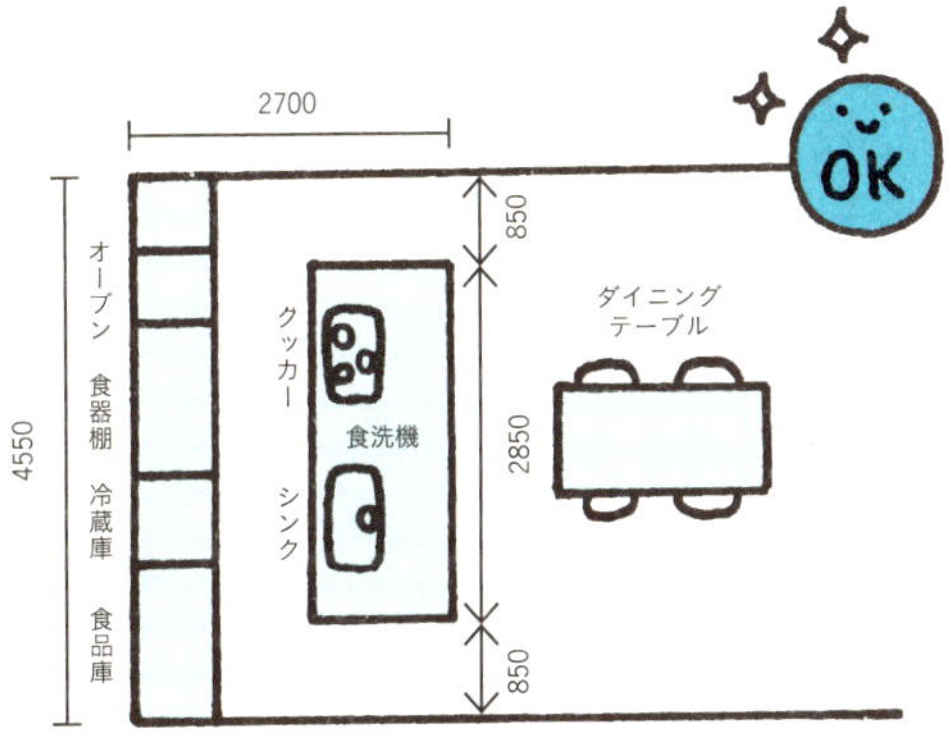


### 理想のオープンキッチンに 必要な間口は？

アイランドタイプのオープンキッチンをつくるには、間口が2.5間（4550㎜）あるとよい。キッチン台の両脇から出入りできるアイランドキッチンは、作業性がよく、複数での調理もしやすい。

**無駄のない寸法を心がければ、**
**使いやすいキッチンがつくれます。**

# 水回りは気持ちよさにこだわる

## 小さな場所だからこそ<br>スッキリ感が大事。

家族が集まるダイニングやリビングは広くとりたいと思うのは当然ですが、そのために浴室、洗面・脱衣室、トイレなどいわゆるサニタリースペースは必要最小面積に抑えられがちです。日当りの悪い北側に配置されることが多い上に、他の部屋と比べると設備機器が幅をきかせ、無機質で画一的な空間になりやすい……。また、日用品やタオルなど多種類のものがあり、収納がうまくいかず生活感がむき出しになったり……。だからこそ気を使って、気持ちのよい空間に仕立てあげる必要があります。

浴室はくつろぐ場、自分を癒やす場でもあるので、ユニットバスを設置して終わりではなく、ひと工夫ほしいところ。下半分をハーフユニットバスにして上部は気に入ったタイルを貼ったり、照明を壁と天井の二ヶ所に設置したり、窓の外に緑を植えてライトアップすると、リラックス空間にふさわしくなります。洗面室や浴室をすっきりと気持ちのよい空間にすると、入浴や身繕いなど、毎日繰り返される行為のひとときが楽しみになり、生活全体の質が上がります。

# ホテルのサニタリーに学ぶ

ホテルのサニタリーが心地いいのには、さまざまなしかけがある。

家の与条件によって実現できることは変わるが、ポイントを抑えて真似することは可能だ。

## ホテルのサニタリー

・デザインに統一感があり、すっきりしている。
・ガラスなどが多用され、明るく広々としている。
・落ち着いた照明で、気分を鎮めてくれる。

## ありがちな家庭のサニタリー

・細かいものがたくさんあってごちゃごちゃして見える。
・収納が足りずに、ものがあふれ出ている。
・蛍光灯で寒々しい雰囲気。

# （水回りをこだわりの場所にするには？）

水回りを、お気に入りの場所にすると、使うたびに気持ちがよく、リフレッシュできる。

そうすると、掃除もていねいにするようになり、清潔感もキープできるという相乗効果も。

## 鏡と足元スッキリで広く見せる

壁一面を鏡張りにすると、景色が写り込んで広い印象になる。一枚板に洗面ボウルをのせて足元を開放すれば、シャープな雰囲気に。壁の一部をくり抜いて収納にするのは、狭い場所に有効なワザ。

## タイルやシンクに凝る

オリジナルの化粧台にはモザイクタイルを貼り、「実験用シンク」を洗面器として利用。下部の棚には市販の収納用品を入れ、細々した物を仕分けて収納。オープンな棚でもすっきり。

## 区切らず広々

トイレを個室にせず、腰壁の軽い間仕切りに。トイレ・洗面室・浴室を一室にまとめれば、限られたスペースを有効に使え、窮屈な印象を和らげることができる。

## 壁の素材にこだわる

ハーフユニットバスを利用して、上部の壁には好きなタイルを貼ったり、板張りにしたり、自由に演出することでお気に入りの空間に。

## 天窓で明るさと清潔感を演出

洗面室の上部に天窓を設ける。北側の場所でも、安定した爽やかな光が降り注ぐ。隣家が迫っていて窓を付けられない状況でも、天窓は有効だ。

## 植栽でリラックス

バスタブに浸かりながら眺められるよう、窓と植栽を計画。入浴は夜間が多いので、ライトアップできるようにしておけば、よりリゾート気分に。

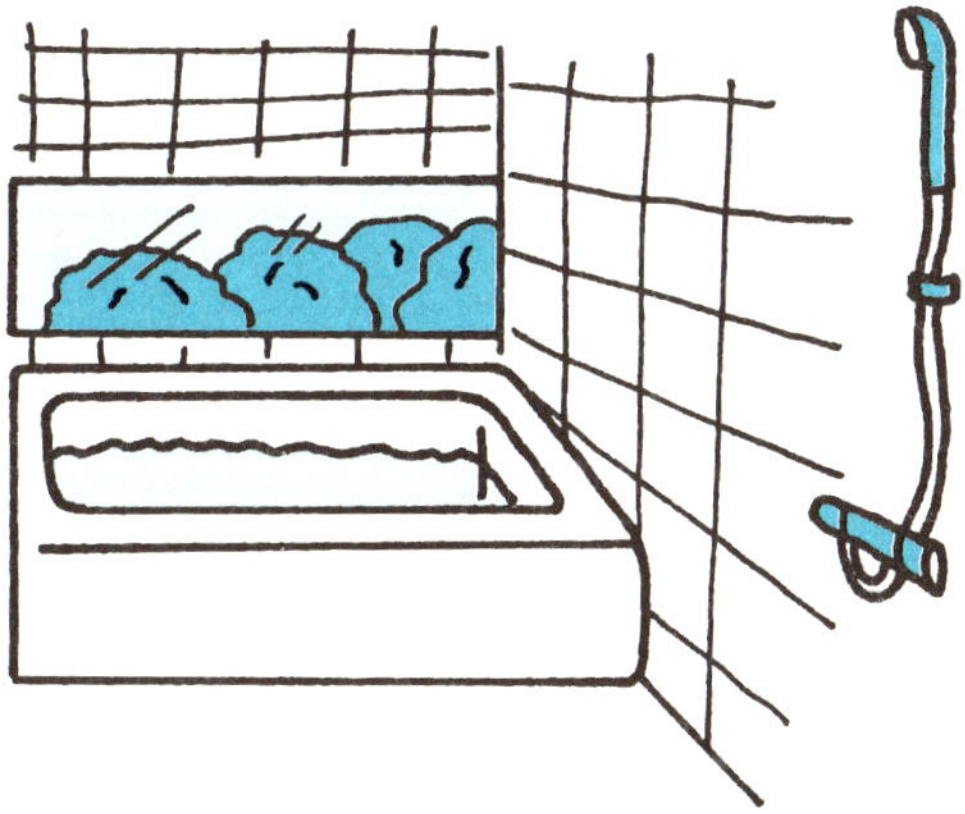

**水回りを快適にすると**
**生活の質がグッと上がります。**

# 個室は夫婦を主体として考える

## 子どもはやがて自立していきます。

個室をどう計画するか迷ったら、その家に一番長く住む人間が誰なのかを考えてみましょう。子どもはいずれ自立して家を出て行く存在であるとすれば、後々も暮らすのは夫婦だけということになります。ですから、夫婦の部屋を主体として考えてみてください。

夫婦の寝室は、玄関から離れた、落ち着いて過ごせる場所がいいでしょう。広さもある程度確保して、睡眠のみならず、くつろぎや趣味の空間としても充実させたいものです。内装は落ち着いたやわらかい色調を選び、照明は明るさをコントロールできる器具や間接照明などを効果的に使うと、リラックスした雰囲気をつくりやすくなります。

子ども部屋は、仮設的につくった方が、後々融通がききます。造り付けの家具などでがっちり固めてしまうと、後になって壊すのも大変で、アレンジがきかず、他の用途に転用しにくい部屋になってしまいます。また、子どもが個室に引きこもらないように、なるべくリビングなどとつながりやすい、声や目の届きやすい場所に配置するといいでしょう。

# 子ども部屋の位置をどうする?

子ども部屋の配置は、どの程度独立性をもたせるかなどの考え方で変わってくる。子ども部屋同士の関係、個室とリビングとの関係など、どんな関係を望むのかを考えよう。

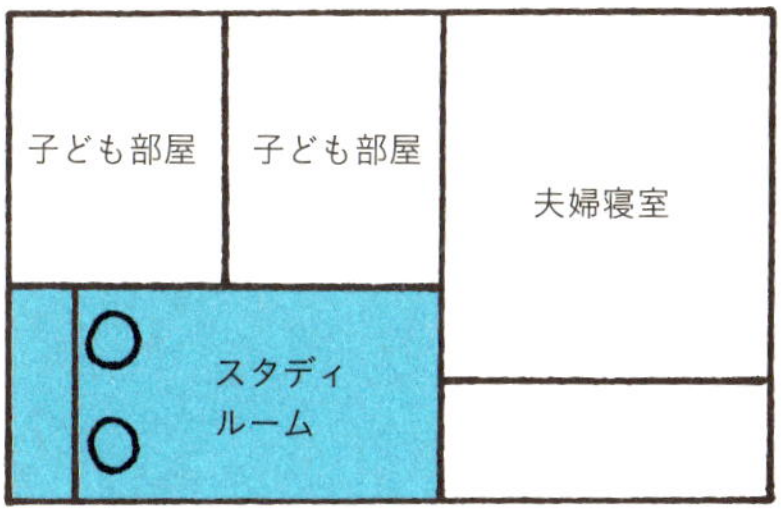


## 子ども部屋を小さくして、共有スペースをプラスする

子ども部屋はできる限り省スペースにして、共有のスタディルームを設ける考え方。スタディルームは、将来夫婦の書斎や趣味スペースにするなど、用途を変えて利用できる。

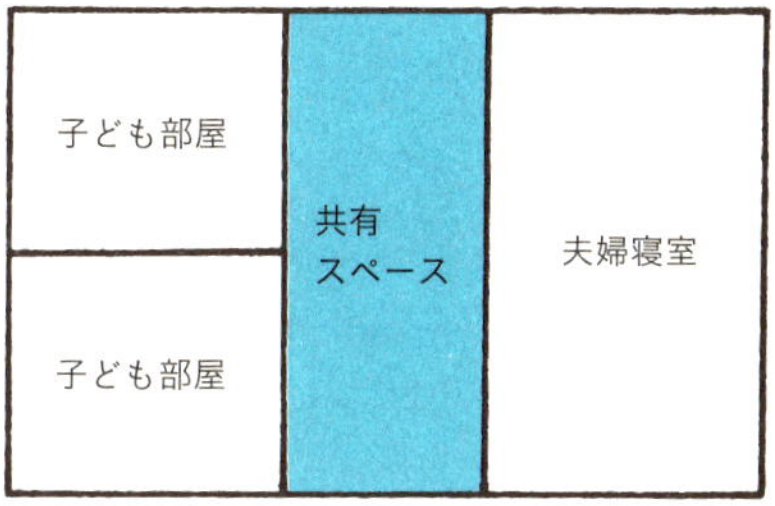


## 共用部を挟むことで、緩衝帯にする

子ども部屋と夫婦寝室の間に吹抜け・多目的な共有スペース・中庭やベランダなどを挟むことで、距離を置きつつ、お互いの様子が少し伝わるような状況をつくる。

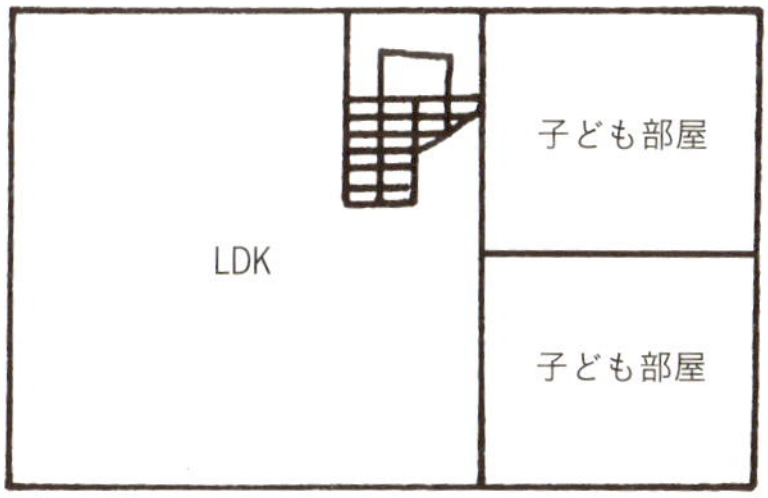


## 団らんの場に近いところに子ども部屋を配置

子ども部屋をLDKの近くに設けることで、LDKにいる親とのコミュニケーションが楽にでき、団らんに参加しやすくなる。将来子どもが独立した後は夫婦寝室にしてもよい。

# 子ども部屋は年齢によって変わる

造り付け収納などを最初から用意しておくと、楽な面もあるが、簡単に変えることができないという欠点もある。融通がきくようにしておけば、下記のように年代ごとに変更していくことが可能になる。

## 0歳〜小学校低学年

子どもの人数が確定していない、まだ子どもが小さいうちは部屋を区切らず、遊べるスペースを広くとる。

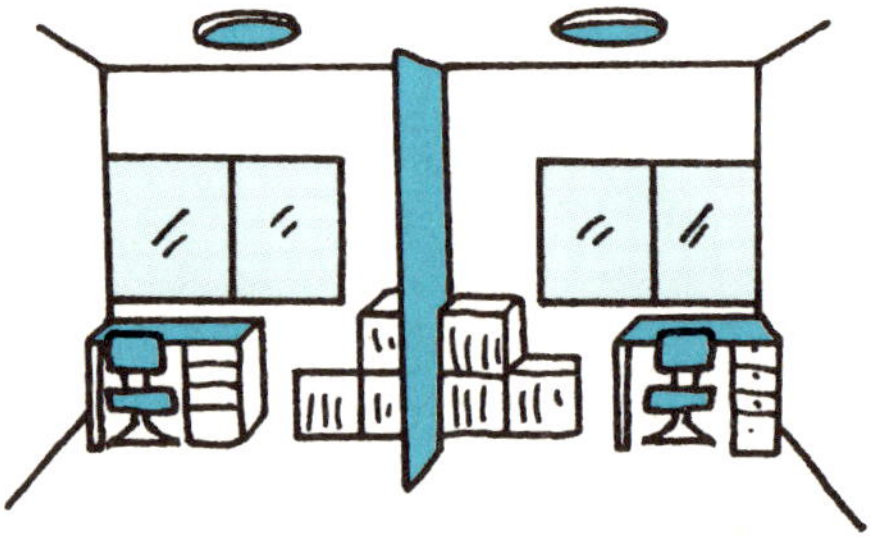

## 小学校〜中学校

子どもの人数が確定し、子どもの自我が芽生える時期には、ブラインドなどの簡易的な間仕切りで部屋を仕切る。

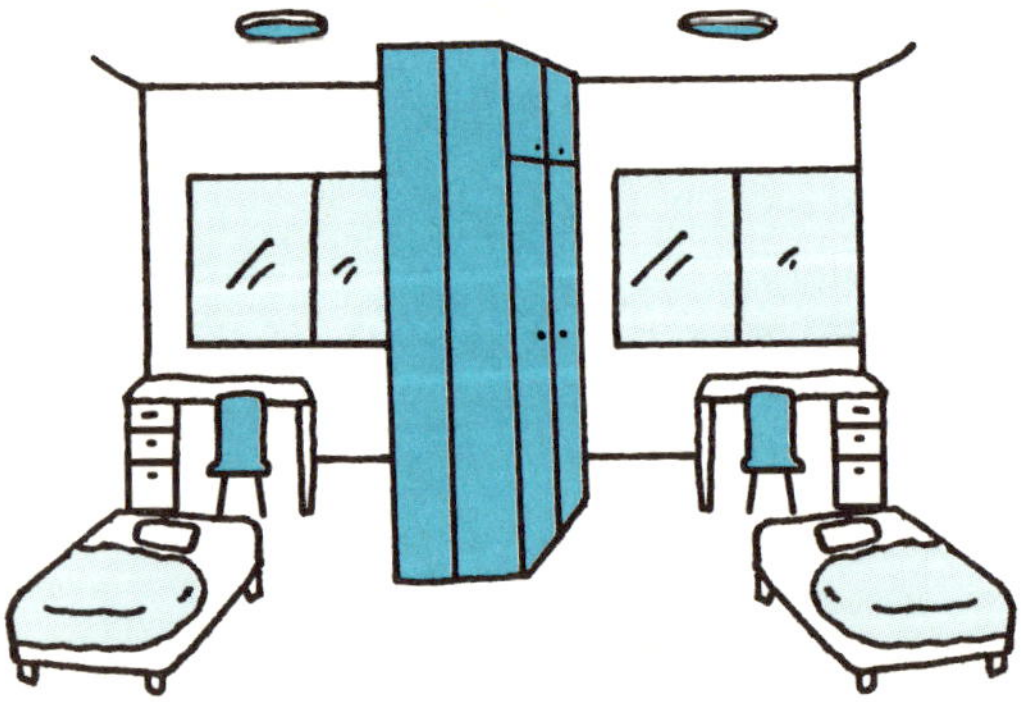

## 高校〜大学

持ち物が増え、生活スタイルも異なるようになったら、システム収納家具で2部屋に分離。子どもがいなくなったあとは、簡単にワンルームに戻せる。

# 寝室を、もっと充実させるには？

単に寝るだけの部屋にせずプラスαがあると、就寝前の時間が充実してくる。

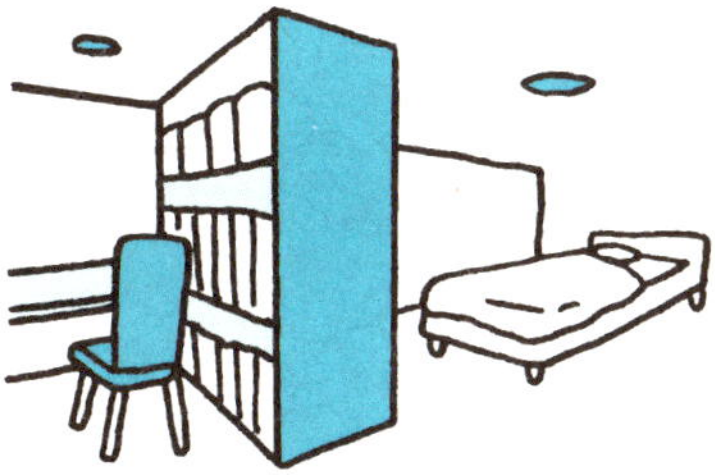

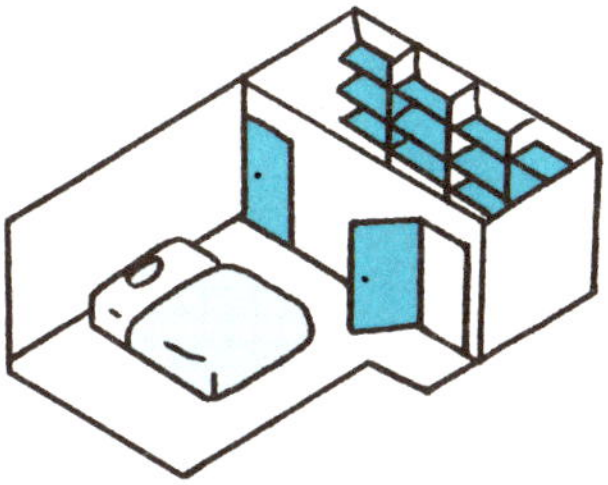

## ミニ書斎をつくる

眠る前の少しの時間で、好きな小説などを読みたいという人へ。眠くなったらすぐ横になれるのがベッドに近いことのメリット。

## 大きめのクロゼットをつくる

クロゼットを広くすると着替えもできるので、寝室に衣類が散乱しない。寝室に家具を置かなくてもすむので、すっきり広々。

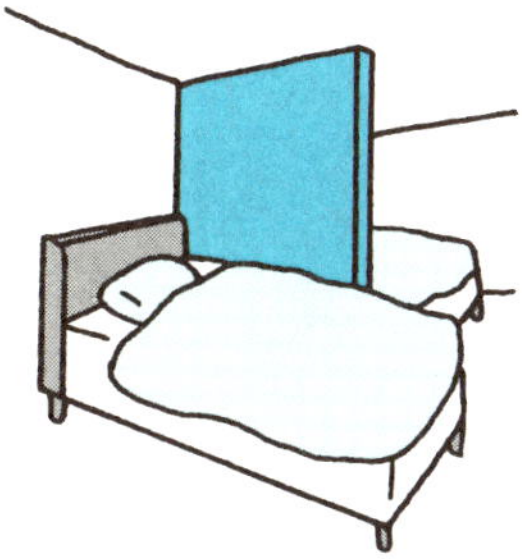

## 寝室とシャワー室をつなげる

専用のシャワー室を寝室に設ける。夜中や早朝のシャワーなど、家族と大きく生活時間が異なる人に便利。

## 夫婦の寝室を分ける

就寝・起床の時間が合わない夫婦や、互いの時間を大切にする夫婦に向く。高齢になると、互いの様子がわかることも大切。

**個室は夫婦の部屋を主体に**
**子ども部屋は仮設的に考えよう。**

# 収納は、生き方を見つめることから

## 収納問題の解決は
## 片づけ方ではなく
## 生活スタイルの分析で。

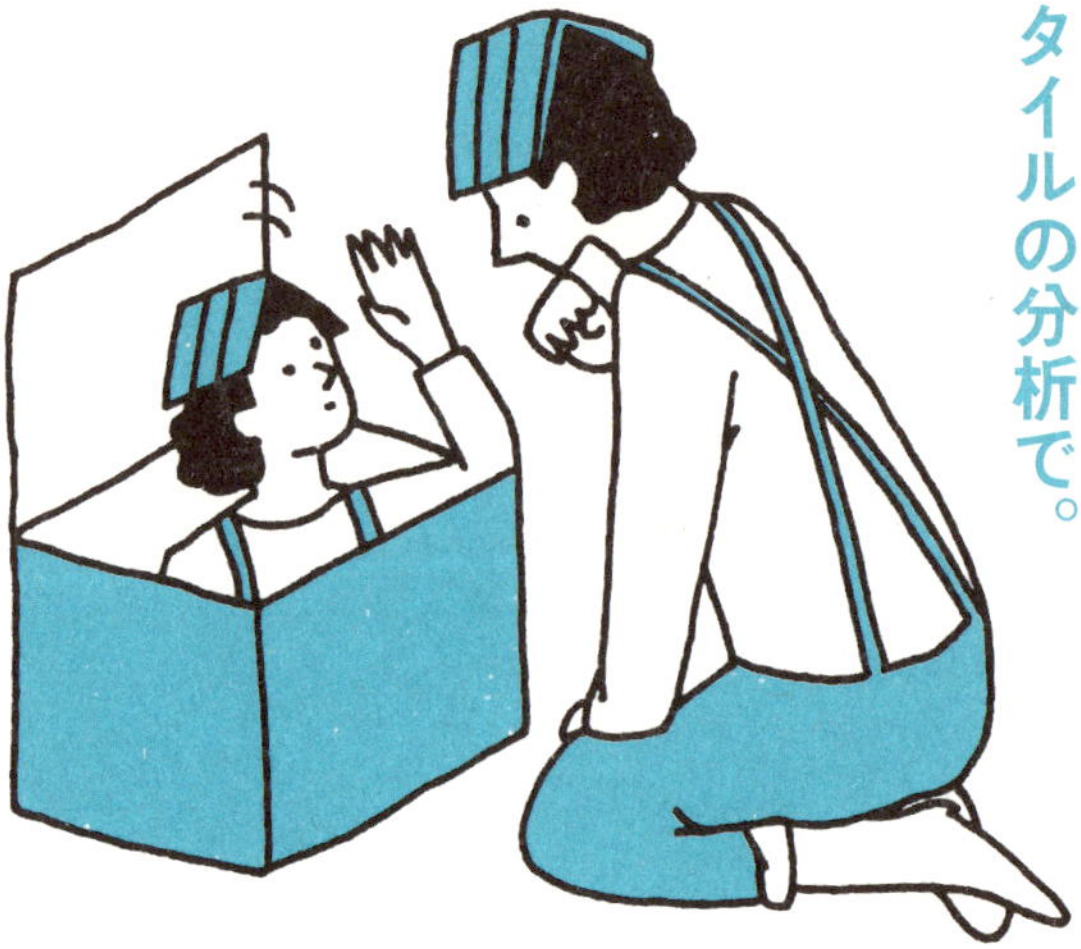

単に、収納が多ければ暮らしやすい？　それは間違いです。生活スタイルが異なれば、当然持っている物の量や種類も違ってきます。ですから、まず自分が何を重視して生活しているかを見つめることから始めるのが肝心です。いくら収納スペースを確保しても、生活スタイルに合っていなければ使いづらい、住みづらい家になってしまいます。アウトドアが好きなら、その道具をどこにどうやって収納するか。車への積み降ろしは楽にできるか？　お菓子づくりが趣味なら、キッチン収納はどうあれば使いやすいのか……。現実的に、今不便を感じている部分はどこなのかを書き出してみるのもいいでしょう。

暮らし向きがわかれば、収納の基本、つまり「使う場所、使う頻度、使う人」に合わせて計画するだけです。一般に戸建て住宅の収納スペースは、家全体総容量の12％〜15％を目安にします。基本計画ができた段階で、おおよそ何％になっているか確かめてみましょう。後は、快適性を長続きさせるために、いかに物の量をキープできるか、ということになります。

# （家にあふれているものは何ですか?）

あなたの生活にはどんなものがあふれている？　物を５つに分類し、収納量を確かめることで、どんな暮らし向きを重視しているかがわかる。レーダーチャートに記入してみよう。

## 食料品が多い人

キッチン横に食品庫を設ける。棚の奥行きを浅くしておくと、在庫品がひと目でチェックできて賞味期限切れを防ぐことができる。温度変化の少ない階段下や床下なども食品の収納場所に向いている。

## 趣味・学習用品が多い人

日常的に使う物か、ただとっておきたい物かを選別。使わない物は出し入れしにくい場所でもいいと割り切る。ロフトスペースも活用しよう。

## 衣料品が多い人

ウォークインクロゼットをつくることを検討。点検・処分のサイクルをつくりやすいように、ひと目で把握できる環境づくりが大切。

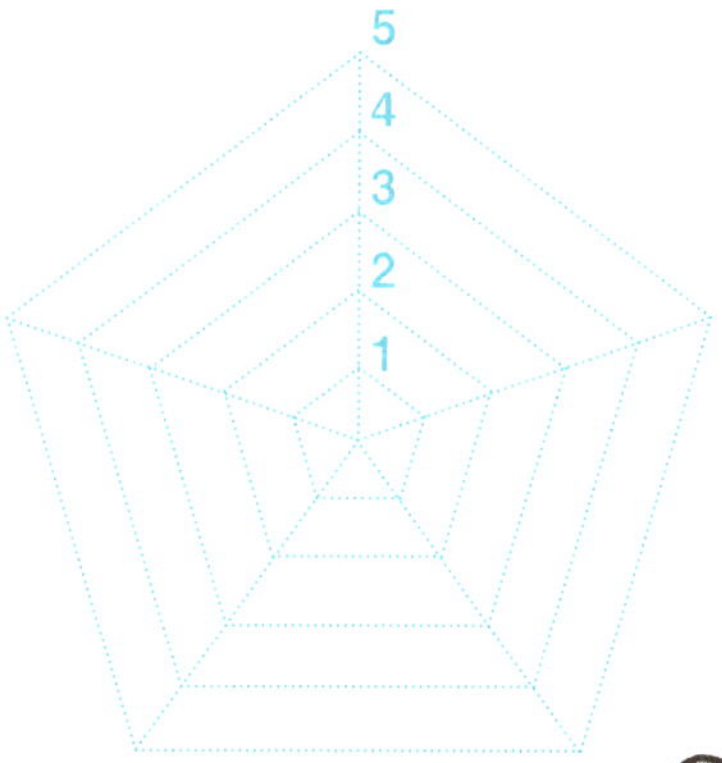

## 食器が多い人

普段使いの食器棚の他に、重箱、漆の器やお盆など、普段あまり使わないものをしまう収納をキッチンの奥につくる。ただし、出し入れがしにくいと死蔵されてしまうので注意。

## 生活用品が多い人

家族が集まるリビングに少し大きめの収納をつくる。廊下に収納をつくるのも手。家族の誰もが片付けやすい状況をつくらないと、元の場所に戻らず、すべて散らかることに。

# （ 標準的な家族の収納、これくらいです ）

収納スペースは、家全体の12〜15％を目安にするのがおすすめ。4人家族の収納容量を計算すると、以下のようになる。※数字は縦×横×天井高さ（2.4m）の容量

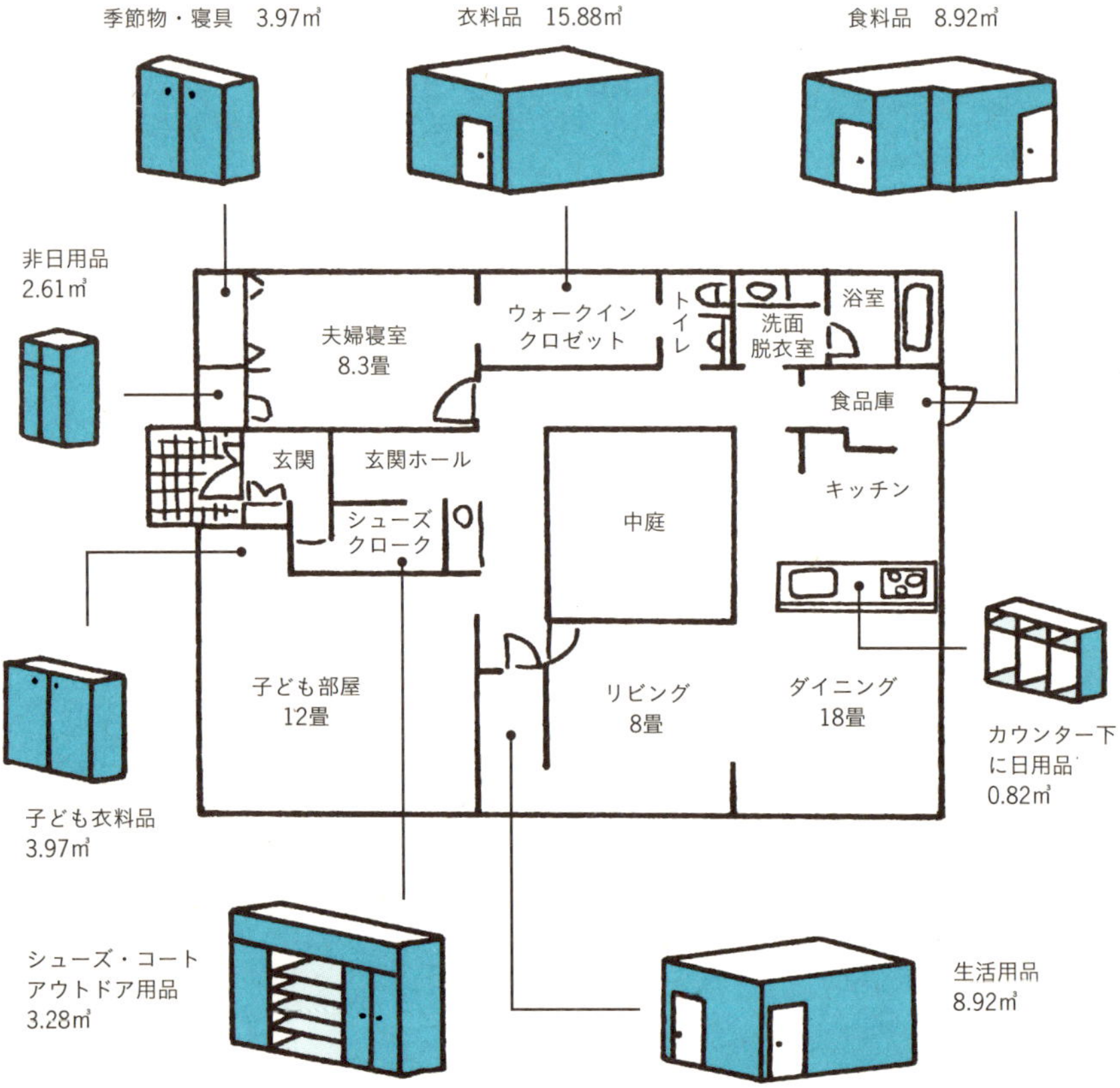


**3LDK（$135m^2$、約40坪）の場合。収納スペースを合計してみると……。**
**家全体の収納容量＝$48.37m^3$（家全体の14.8％）**

自分の家の計画案では、どのくらいの容量だろう。
前ページでわかったわが家の特性と合わせて、比較チェックしてみよう。

## 収納と動線を合わせて合理的に

収納の動線を効率的にすると家が散らからない。そのために、収納に、出入口を2つつくって通り抜けができるようにし、移動の途中で片づけたり、ものを取り出したり、裏の動線として使うという考え方がある。

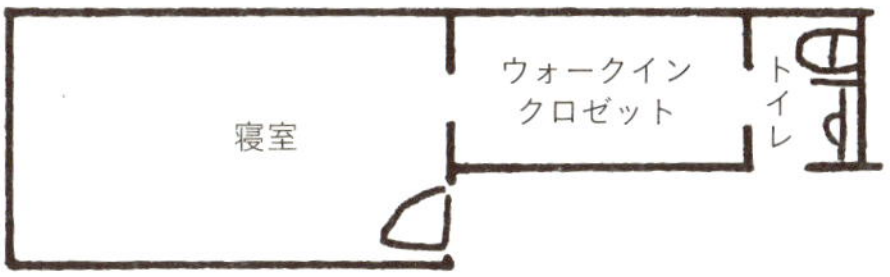


### 寝室とトイレをつなぐクロゼット

クロゼットを寝室からトイレに行けるルートとして利用。寒い廊下を通らずに行けるので、高齢になっても安心だ。

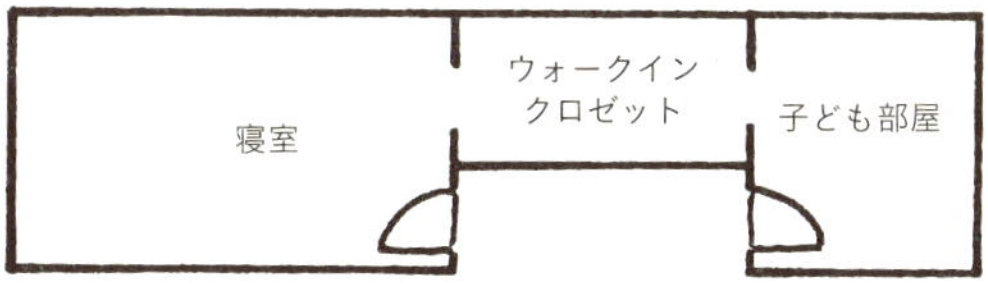


### 寝室と子ども部屋の間にクロゼット

両親と子どもでクロゼットを共有できるので、家族の衣類をすべて一カ所に集中収納できる。

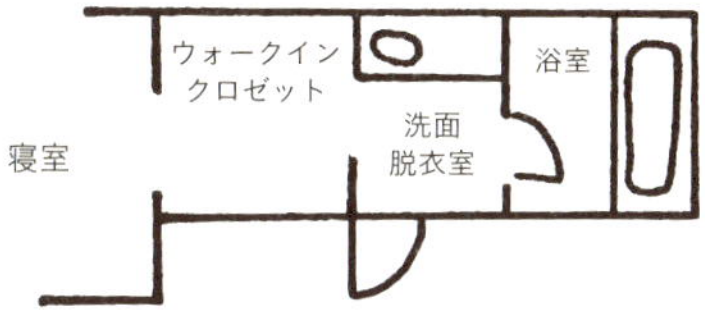


### 寝室とサニタリーをつなぐクロゼット

夜は「入浴→着替え→就寝」の動作が一直線上で行えて便利。朝も「起床→洗顔→着替え」がスムーズ。ただし、湿気がクロゼット内に侵入しないように換気が必要。

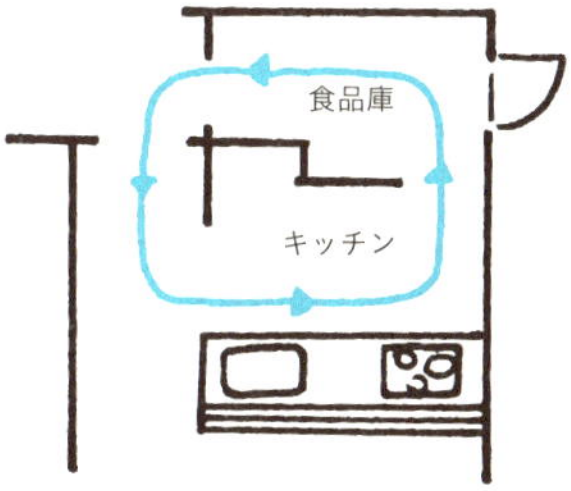


### 回遊できる食品庫

2カ所に出入口を設けた食品庫の例。キッチンと行ったり来たりできるルートが増えるので動きやすい。ただし、出入口の分だけ収納量は減る。

**自分に相応しい収納のかたちを**
**理解することが肝心です。**

# 階段は間取りの要

## 間取りを支える腰のようなところ。

階段は、間取りを考える鍵といえます。階段の考え方によって家族のコミュニケーションはもとより、住み心地や部屋の広さまでも変わってくるからです。

1階をリビングなどのパブリックスペースとすれば、2階は個室などのプライベートスペースになります。つまり、階段は「家族」と「個」の意識が切り替わるところでもあるのです。ですから、上下の階をより身近に感じ、良好な家族関係をつくる上でも、階段での「つなぎ方」がとても重要です。それがうまくいくと、家に一体感が生まれます。

また、「ゾーンを分ける」ことに階段を利用することも可能です。そういった階段の持つ特性を生かせば、間取りや空間の可能性が広がるのです。

そして、階段を、単に上り下りの「通過するだけの場所」にするのはもったいない。そこを通るたびに刺激を与えたり、コミュニケーションを促したりできる「しかけ」をプラスしましょう。通るたびに楽しい、いきいきした場所になれば成功です。

# その階段位置、黄信号！

その階段位置、ほんとにOK？　人の動きを想像しながらチェックしてみるのが大事。

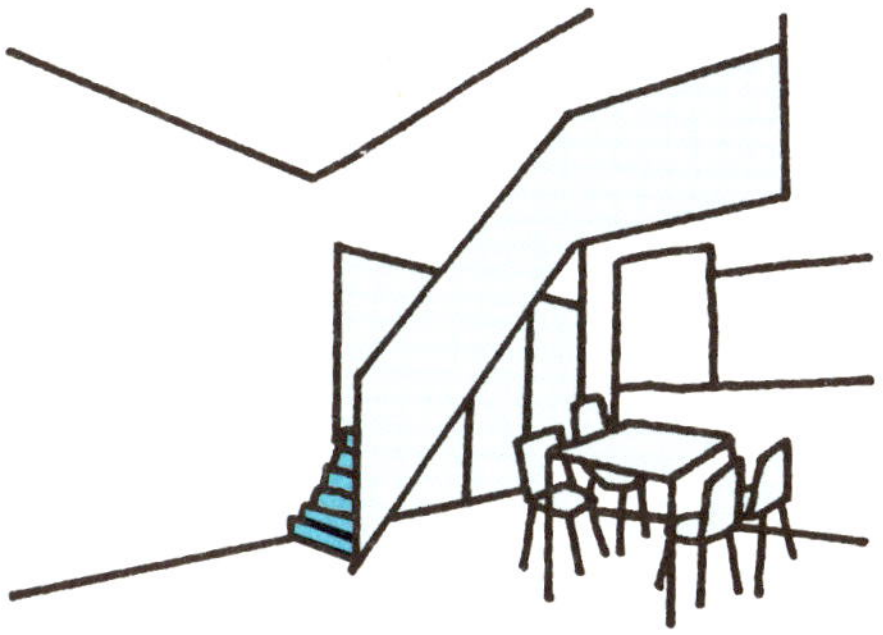

### 南側の階段

南側の階段は明るく気持ちはいいが、窓にかかっていると外との行き来の際に階段に頭がぶつかる、階段が光を遮るなど、注意すべき点がある。

### ダイニングテーブル近くの階段

ダイニングテーブルのすぐ近くに階段があると、人の行き来が多く、落ち着かない。冬場は階段から暖気が逃げてしまうので寒く感じる。

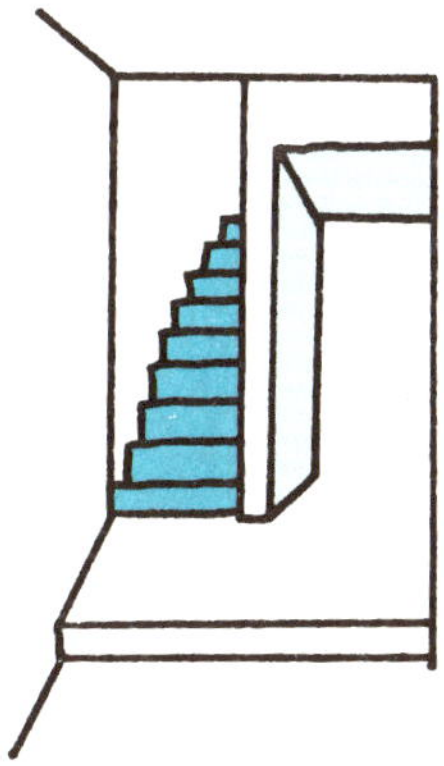

### 玄関を開けてすぐの階段

階段の上り下りのときに、他の家族が玄関で接客中だったりすると、来客と鉢合わせになってしまう。くつろいだ服装のときは気まずい思いも……。

# 階段の位置で間取りの特徴が決まる!?

階段は人の動きを決める重要なパーツだ。階段を家のどの位置に配置するかによって間取りのパターンを大きく変えることができる。

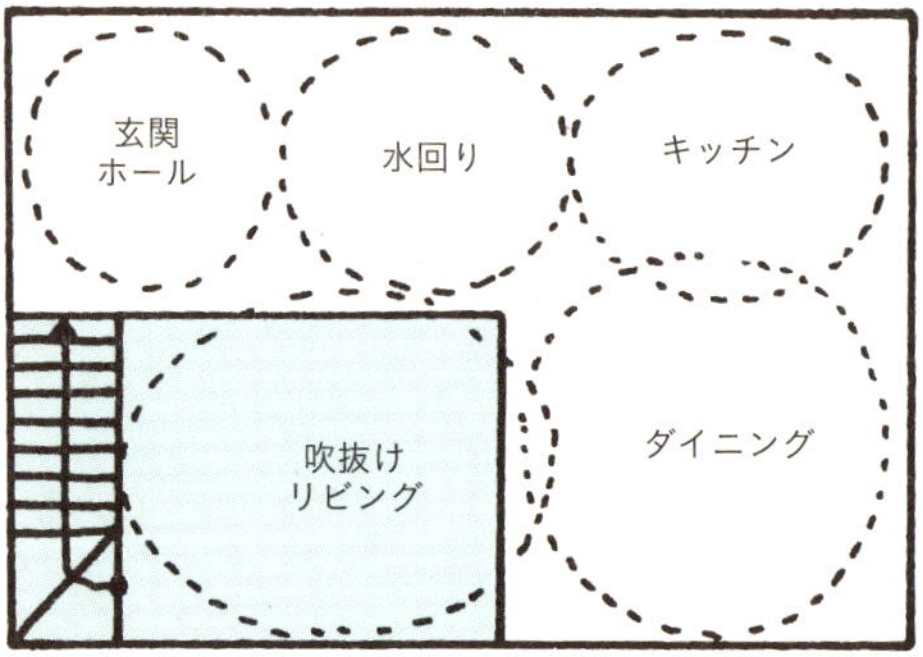


## 吹抜けと一体にする

階段を吹抜けと組み合わせると、縦に大きくつながるので開放感があり、広く感じられる。

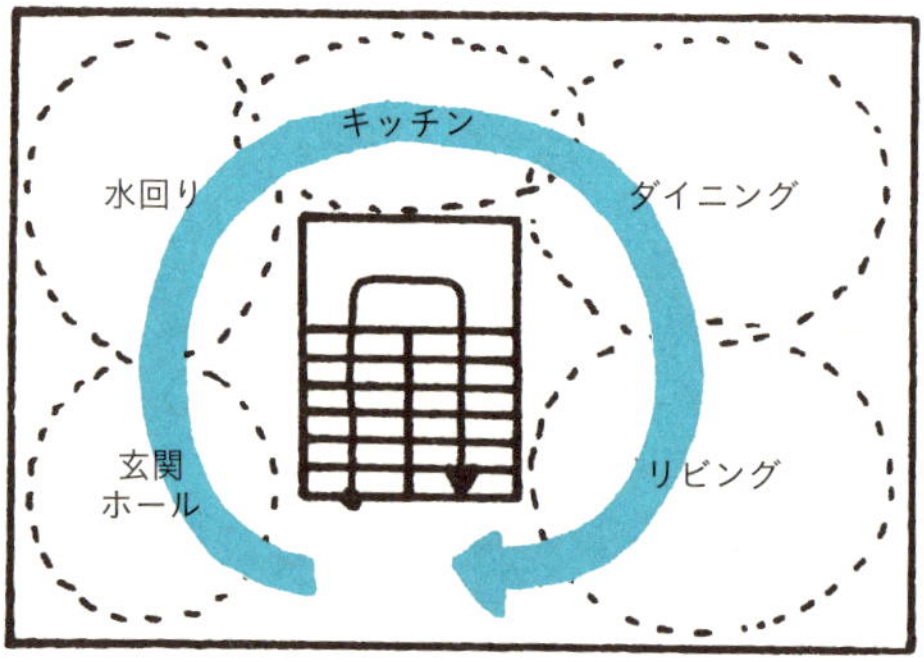


## 回遊できる動線をつくる

階段を中央に配置すると回遊できる動線が生まれ、生活動線を短くすることができる。

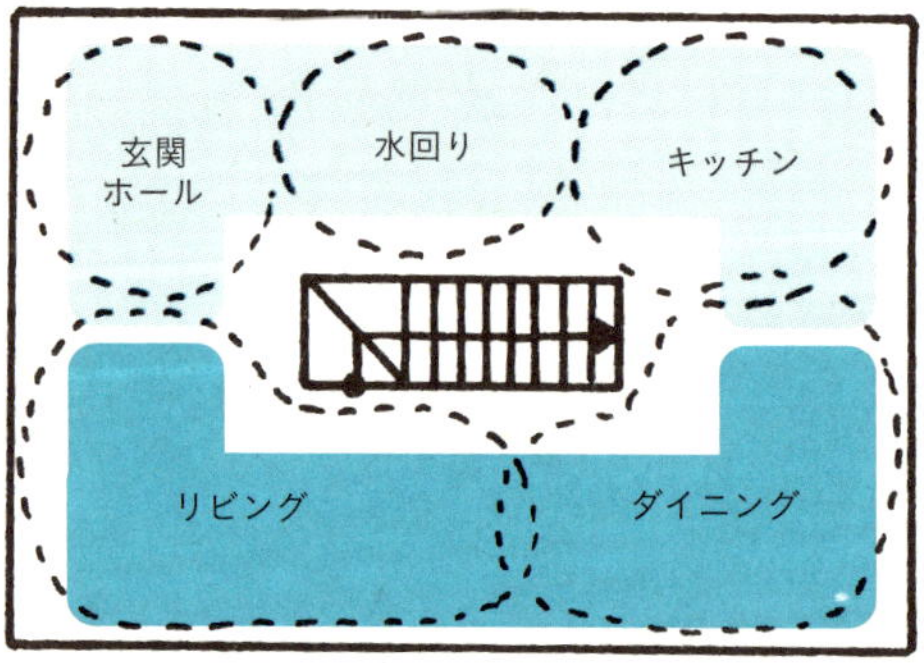


## 階段でゾーンを分ける

階段をパブリックスペースと水回りの間に配置。ゾーンを分ける役割を果たす。

# 階段を単なる通路にしないために

ただ昇り降りのためだけに費やすには、階段室の空間はもったいない。広く長い壁面に書棚をつくる、踊り場に居場所をしつらえるなど、工夫次第で豊かな場所になる。

### 踊り場を子どものためのスペースに

踊り場を少し広くしつらえてプレイコーナーに。下部は収納スペースに利用する。

### 階段の壁面を本棚や飾り棚に

階段の壁面を利用して本棚をつくる。階段に腰をかけ、気軽に読書ができる。壁面が大きいので、コレクションのディスプレイなどにも向いている。

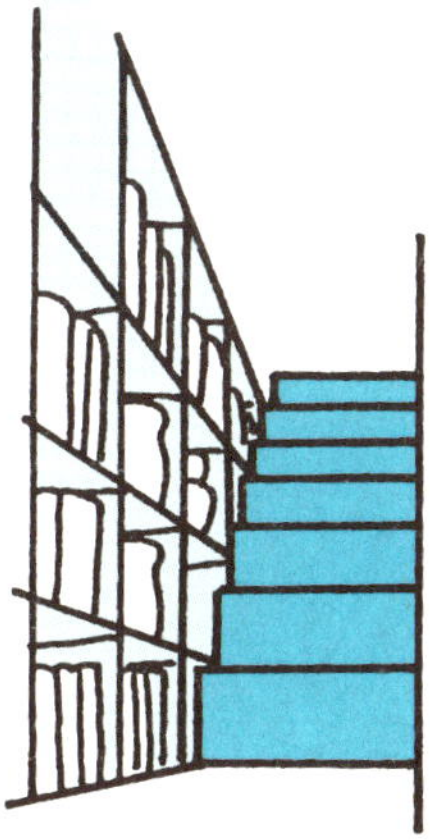

### 踊り場をパソコンコーナーに

踊り場を広くして、家族共有の本棚・パソコンコーナーを設ける。

**階段の特性を生かすことで**
**空間の可能性を広げることができます。**

# 無限のことばを持つ「壁」をつくる

## 壁と会話してみる。

木の柱・梁が構造の基本をなす日本の家屋では、壁は構造的にはいらないもの。平安時代には外部との仕切りのため、壁であり扉の役割も持っている「蔀（しとみ）」ができ、ふすまや障子に受け継がれてきました。だからかどうか、日本の住文化にはいまだに壁を「機能」でとらえ、鑑賞性を軽視する傾向があるように思えます。石や煉瓦を積み上げてつくる西欧の住居では、壁が空間の大部分を占めます。だから、壁面を生かしたインテリアのつくり方など、真似したい魅力がたくさんあります。どっしりと存在感のある壁面の存在感を、日本の住まいにも取り入れられれば、より豊かな空間をつくり出せるのです。

例えば、壁の手前に棚などを置かず、壁が壁として感じられる場所をつくってみましょう。その壁が、部屋に安心感や落ち着きを与えてくれます。アイキャッチになるような位置なら、素材や色に個性を与えて、無限のことばを語りかけてくるような、力のある壁に仕上げてみるのもいいのではないでしょうか。きっと、自慢の場所になると思います。

# 日本とヨーロッパの壁はこんなに違う

もともと、柱と梁で構成される日本建築には、壁が少なかった。ヨーロッパでは石や煉瓦を積み上げるので、壁がなければ建物が成り立たなかった。だから、ヨーロッパの人は壁の生かし方がうまい。

### 古代の住まい

竪穴式住居に壁はなく、屋根のみでつくられていた。

### 伝統的家屋

伝統的家屋も、柱と屋根でできており、壁は少ない。

### 壁が魅力のヨーロッパ建築

石積や煉瓦を積んでつくるヨーロッパの建築では、壁が構造そのもの。だから、いかに構造を弱めずに窓を空けるかがテーマであり、壁が多い。その壁を利用して、空間を豊かに演出する文化がある。

# 壁も存在を認められたいんです

身近にこんな壁はないだろうか？　壁がうまく生かされていないと、心地よい空間にならない。

## 壁が少ない空間は落ち着かない

まとまった壁面が少ないと、家具の配置に苦労したり、ソファに腰掛けたときも落ち着きが悪くなる。

## 壁の見た目にまとまりがない

飾ってある物や置いてある物の水平ラインがバラバラだと、眺めたときに不安定な感じがする。壁がごちゃごちゃして見える部屋ではくつろげない。

## 壁が物で埋め尽くされている

壁が統一感のない物で埋め尽くされていると、目にたくさんの情報が入ってきてうるさく感じる場合がある。

# 「いい壁」ってどんな壁？

いい壁には存在感があって、人を落ち着いた気分にさせたり、空間をドラマチックに見せたり、心理に働きかける力を持っている。

## 安心感を与える

広い面積の壁があると、守られているような安心感が生まれる。

## やわらかく仕切る

ゾーンをやらわかく隔てる壁は、視線を遮りながらも気配を伝える。

## ドラマチックに見せる

存在感のある素材を用いた壁を連続させることで視線を遠くまで飛ばすと、ドラマチックな空間がつくれる。

**壁が壁として感じられると、
空間に安定感や安心感が生まれます。**

# 光ではなく光の「質」を採り入れる

## 作家は好んで北側に書斎をつくった。

現代の住まいでは、直接的な光の採り入れ方が多く、いらない光や熱までも入れてしまっているように思います。直射光は目に眩しく暑さに悩まされる季節の方が長いのです。その点、壁や天井などが反射する光はやわらかく安定的。作家や画家が北窓を好むのも、変化の少ない光を求めるためです。豊かなニュアンスを含む反射光を、もっと活用してみてはいかがでしょうか。四季や時刻によって変わる光で、室内空間は多彩な表情を見せます。東西南北の光は、それぞれに違った特性を持っています。そうした光をうまくコントロールできるよう、庇、窓の形、大きさや位置を変えていきます。必要な明るさは用途によって違い、すべての部屋に同じような明るさはいりません。

雨の多い日本では、軒を深くして雨から建物を守ってきました。すると室内は暗くなりがちなので、雪見障子やすだれなど透かしの手法を考え出しました。室内に届く弱々しい光を、白い漆喰壁を用いて拡散し、静謐な空間に仕立てたのです。

# 光にも性格がある

窓の方角によって、入ってくる光の性質には違いがある。それぞれの特徴を知ってコントロールすることで、快適な室内環境をつくろう。

## 東の光

朝方の光は赤く、
徐々に透明感が出る

## 南の光

強いエネルギーを持つ
眩しい光

## 西の光

熱が残った
オレンジ色の光

## 北の光

変化の少ない
安定した白い光

# 窓の方角で 光の扱い方を変える

方角による光の性質の違いによって、窓の付け方や建具の種類を使い分けよう。

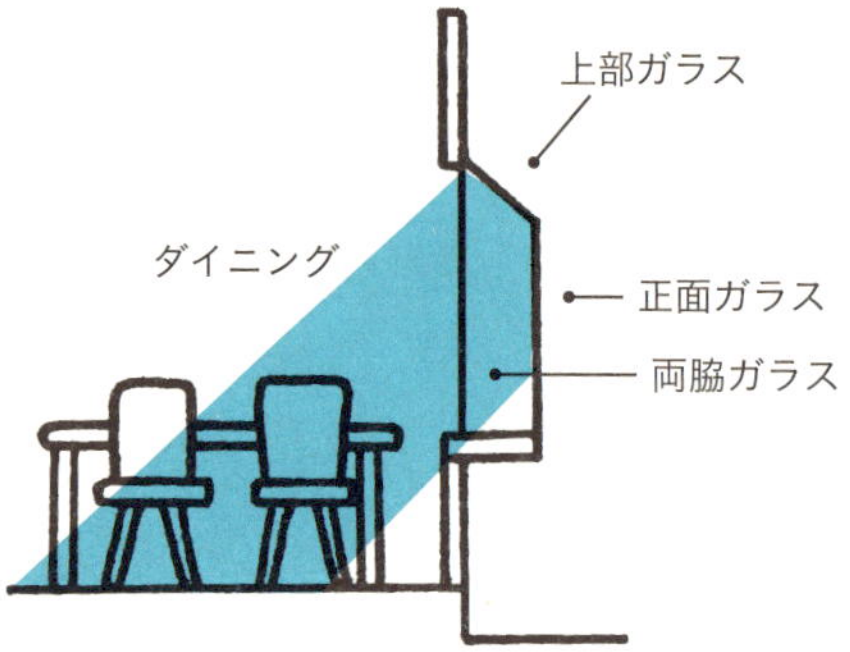


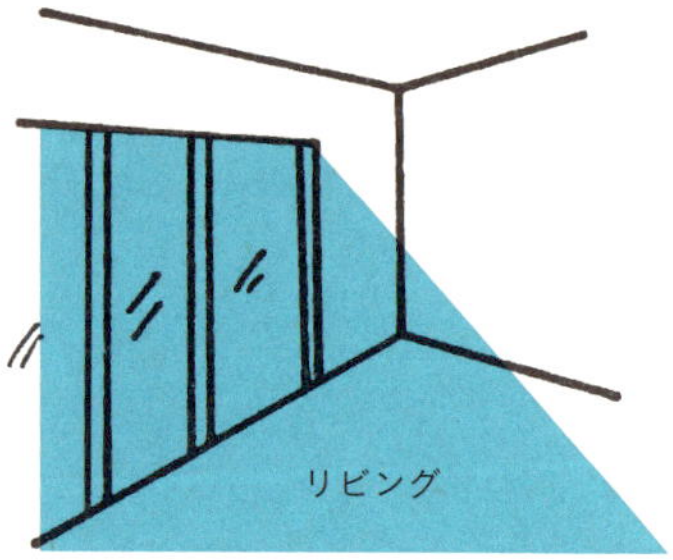


## 東向きの部屋は

爽やかな朝の光は、ダイニングで朝食をとる時にあるとうれしい。3方向がガラス張りの出窓からたっぷりと採り入れる。ただし、夏季は西日同様に直射が当たると暑いので、スクリーンなどで調整できるようにする。

## 南向きの部屋は

南に面したリビングなどの部屋には、大きな窓を設けることが多いが、夏の光は強い光量と熱を持っているので、遮光ガラスを用いて、冷房効果を高めるとよい。

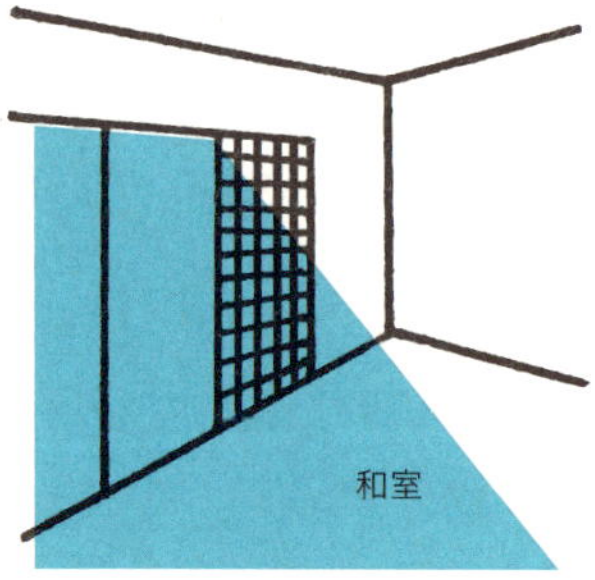


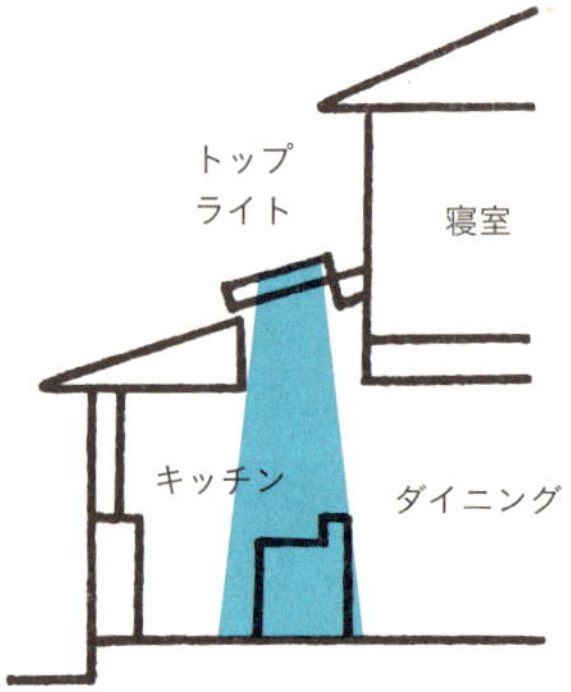


## 西向きの部屋は

西日は、冬場部屋の奥まで導き入れて、長く室温を保たせるとよい。逆に夏場は室内が高温の状態を長引かせるので、遮光ガラスを用いる。和室の場合は障子との二重使いで西日を除ける。

## 北向きの部屋は

北側から入る適度で安定した光は、熱を持たない光で涼しさが保たれるので、食品のあるキッチンに向いている。また、清潔感のある明るさを持っているので、サニタリーにも適している。

## 光の「ニュアンス」をつくり出す

単なる均一な明るさだけではなく、複雑な陰影をつけたり、
変化を増幅させることで饒舌な「ニュアンス」が生まれる。
光のニュアンスは室内の景色を味わい深いものにしてくれる。

### 光の明暗の差をつくる

「明」と「暗」のコントラストをはっきりつくることで、部屋に奥行き感を与える。

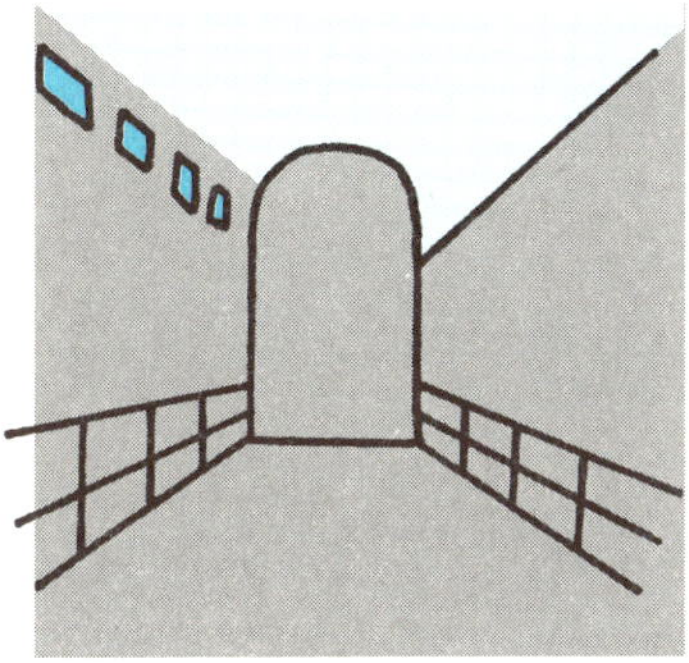

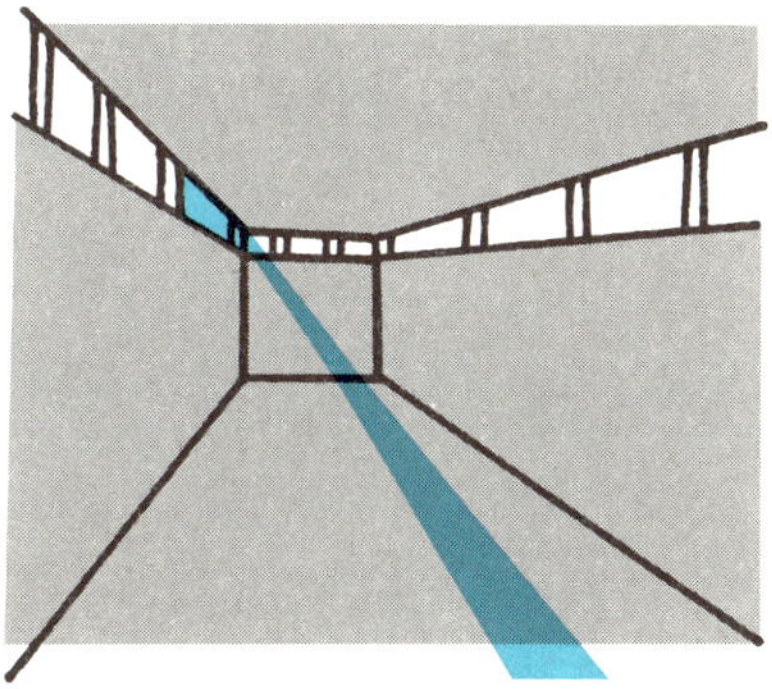

### 光を拡散させる

窓から入る光が、曲面の天井で拡散され、やわらかい光となって広がる。

### 光の陰影をつくる

連続した高窓からさし込む光が、太陽の動きとともにラインと陰影を見せる。

**光は性質を知って使い分けることで、
暮らしが豊かになります。**

# 安らぎの明かりをつくる

## くつろぎの明かりは夕焼け空の色。

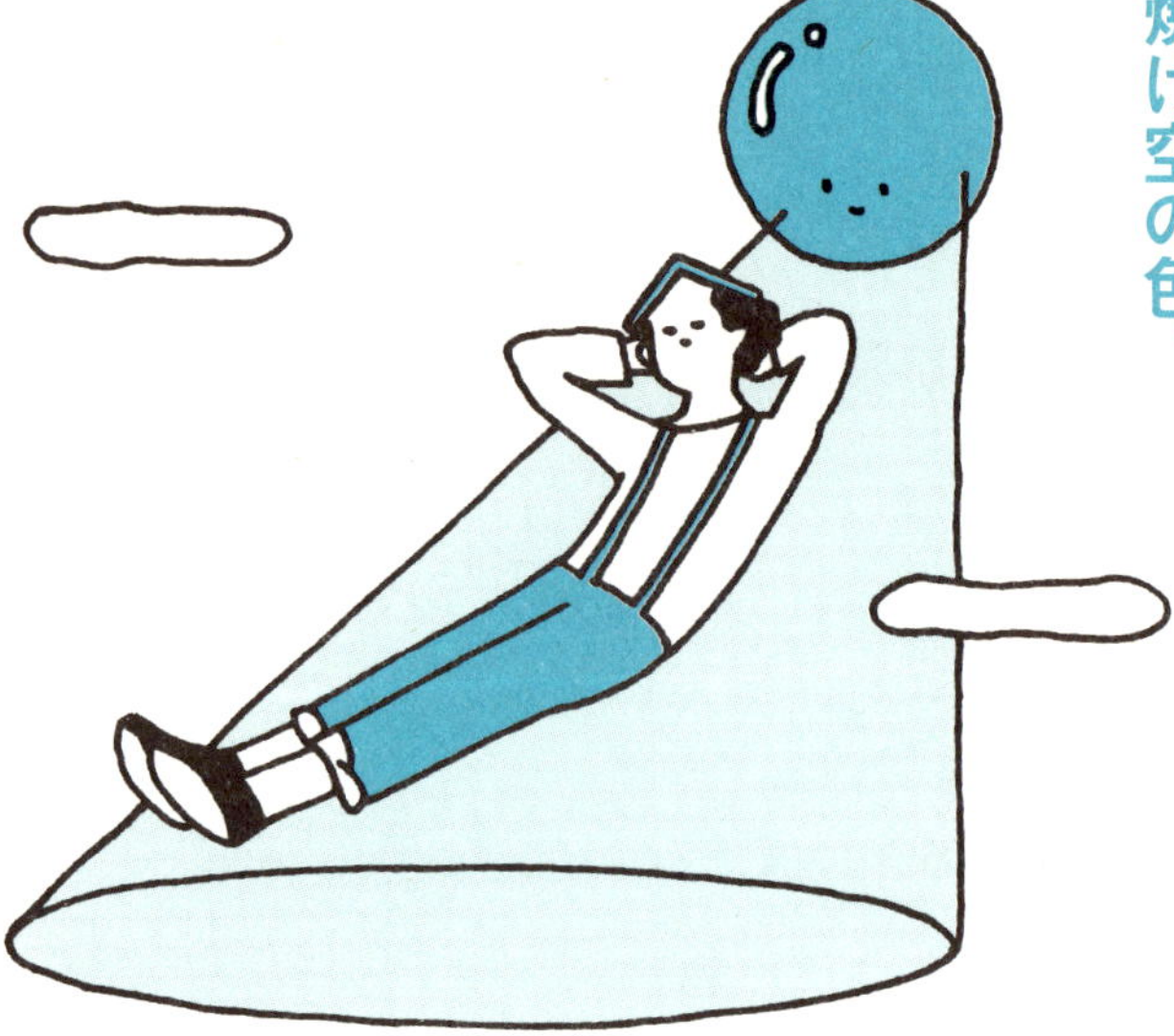

蛍光灯やＬＥＤの白い光は、気持ちを高めてくれるのでオフィスなどには適しています。しかし、癒やしを得たい住まいの場合、煌々と明るい環境ではくつろぎの雰囲気をつくれません。

また、部屋の中央に設けられたシーリングライト一灯では、部屋全体を明るくすることはできても、それ以上の効果を得ることはできません。照明計画で大切なのは、心理的・生理的に、シチュエーションに合った光を演出することなのです。

間接照明など複数の照明器具を使用した多灯分散型の照明計画では、レストランやホテルのようなリラックスした雰囲気をつくることができます。光には温かさや冷たさを感じさせる色があり、その選択も重要です。晴れた冬の空に見られる夕焼けは、おおよそ３３００ケルビン。その光を室内に取り入れると、体が一日の終わりだと感じ、くつろぎモードになっていきます。逆に、頭をしゃきっとさせたい勉強部屋などには、不向きだといえます。

# （ 一室一灯……それでいいの？ ）

ひとつの部屋に、ひとつの天井灯、というのがもっともオーソドックスな照明のパターンだが、果たしてそれがベストだろうか？ 実は、欧米では天井灯はあまり使わない。

### シーリングライトのみの場合

・部屋全体が均質に明るくなるが、オフィスのような固い雰囲気になってしまう。
・勉強などの作業には向いているが、ゆっくりくつろぎたい気分にはそぐわない。
・空間に奥行きが出ない。

### ペンダントライトのみの場合

・デザインの違う器具は、バランスに気を付けないとちぐはぐになる。
・傘があるので天井に光が当たらず、空間が狭く感じられることも。
・ダイニングなど、光を集めたい場所には適している。

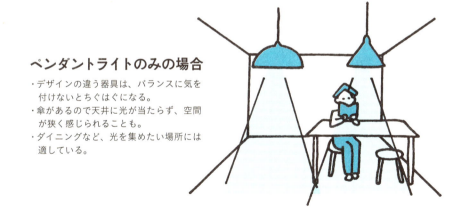

# 光には色がある

自然の光には、多様な「色」の変化がある。それを模したかたちで、電球にもさまざまな色がある。光についての基礎知識を身につけておくと、照明計画の際に役に立つ。

### 昼間の光

白色で、蛍光灯の昼光色と同じ。人はこの光の元で活発に動く。色温度は6000K。

### 月明かり

蛍光灯の白色と同じ。人は落ち着きを感じ、解放的な気分になる。色温度は4200K。

### 夕焼け

赤味のある色で、蛍光灯の電球色と同じ。人はくつろいだ状態になる。色温度は3300K。

※光の色を温度で表したものが「色温度」で、単位はケルビン（K）

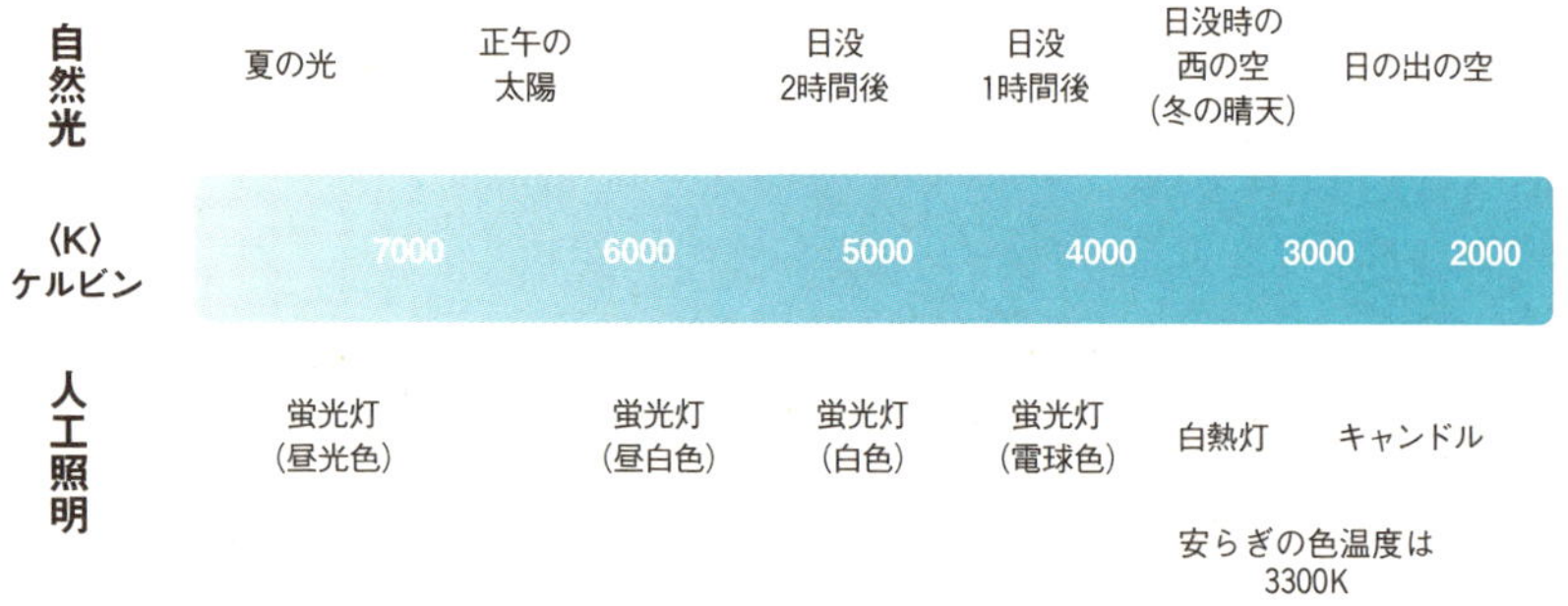


## 人工照明の種類

### 白熱灯

誘眠効果など、リラックスしたい場所に適する。色温度は3000K前後。0～100％まで調光可能。

### 蛍光灯

部屋全体を明るくして過ごしたい場所に適する。色味には昼光色から電球色まで5タイプある。種類によっては調光可能。

### LED照明

ランプ交換が面倒な場所や点灯時間の長い場所に適する。赤味のある低色温度のものもある。器具によって0～100％まで調光可能。

# 照明にはこんな種類がある

ここには、もっとも一般的なシーリングライト（天井灯）やペンダントライトは描かれていない。それを除いても、照明にはこんなにたくさんの種類があることを知り、使い分けてみてほしい。

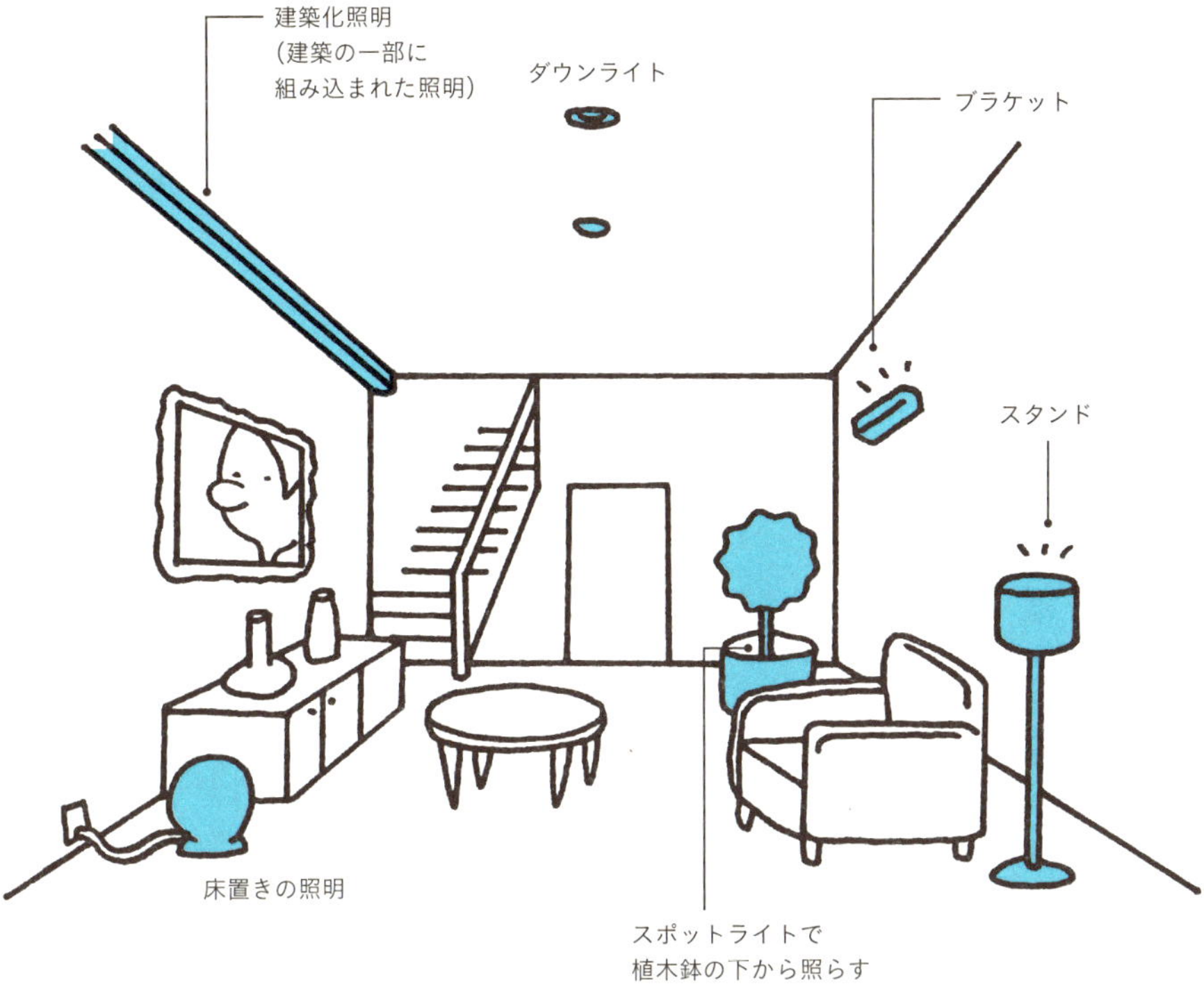


照明器具の存在そのものよりも、照らされて明るくなる面がどのように見えるのかが重要だ。複数の明かりを組み合わせて変化させれば、シチュエーションに応じて演出することができる。フロアライトなど、低い位置に明かりがあると休息モードに気分を切り替えられる。その場合はもちろん、色温度の高い電球を選ぶことだ。観葉植物に光を当てたりすれば、リゾート感覚がプラスされる。

**その部屋のシチュエーションにあった照明計画をしよう。**

# もし「○○○」のある家をつくるなら

## メリット・デメリットを考えよう

# もし「広がりのある家」をつくるなら

## 視覚的・心理的な見せ方でスッキリ。

「どうせ建てるなら広い家を！」というのが偽らざる人の心理。しかし郊外ならまだしも、地価の高いエリアに住もうとすれば、予算内に買える敷地は小さくなり、建物もそれに合わせざるを得ません。と、ここで諦めモードに入ったあなたは素直過ぎるといえましょう。設計上のテクニックを駆使すれば、「広い家」は無理でも「広々と感じる」家はつくれるのです。

広く感じさせるには、まず、細かく区切られた間取りにしないこと。細切れの家では、どこへ行っても突き当たりの壁に視線を跳ね返されてしまい、窮屈に感じます。そこで、できるだけ部屋同士をつなげてみましょう。どうしても壁が必要な場所なら、細長いスリット窓や地窓などを設け、視線を奥まで伸ばすことで、心理的に広く感じられるものです。

そして「見た目をすっきりさせること」も広さを感じさせるコツ。窓の高さをそろえる、枠を見せないようにつくるなど、できるだけ無駄な「線」を消していくことです。

# 同じ広さでも狭く感じる家

### 突き当たりの壁が閉塞感をつくっている

部屋数を増やしたいと、間取りを細かく区切ってしまい、動線や視線の突き当たりに壁を多くつくってしまう。結果、閉じ込められているような閉そく感があり、狭く感じる。

### 水平ラインがバラバラ

窓の高さ、建具の高さなどの水平ラインがバラバラだと、室内にまとまりがなくなってしまい、圧迫感につながる。

### 材料の使われ方に統一感がない

床、壁、天井の材料の種類が多すぎると統一感がなくなる。また、質感や色・柄の違いなど情報量が多くなるのでうるさく感じる。

# こうすれば広がりを感じられる

同じ空間でも心理的・視覚的な「見え方」を利用することで、
実際の広さ以上の広がりを感じることができる。

## 敷地の長所を見つける

敷地の周囲を見回して、隣家の庭など開けている場所がないか、借景できる方向はないかを確認。そちらに向けて窓を設ける。

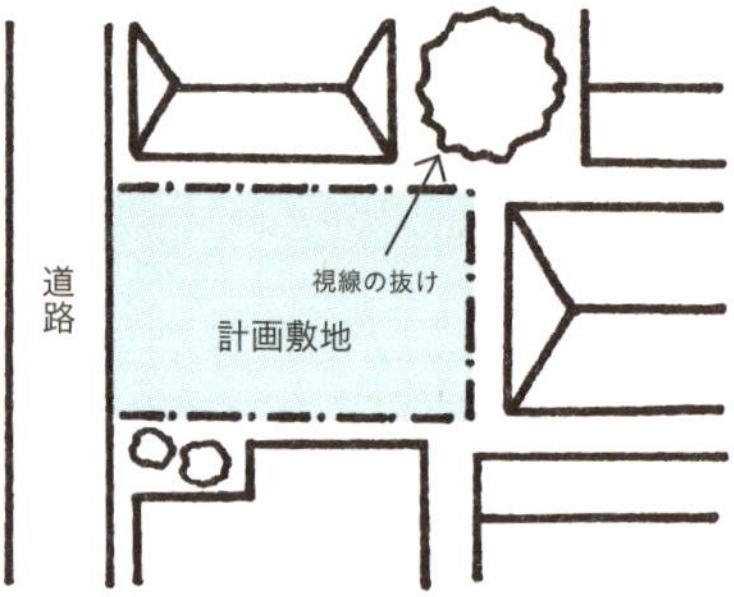


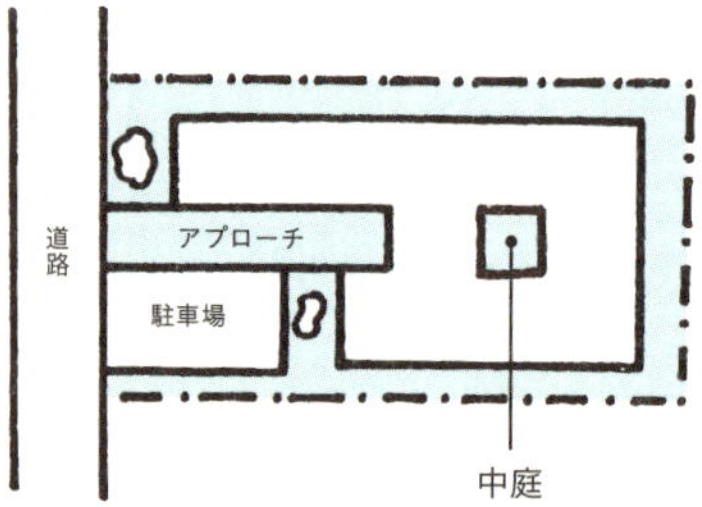


## 敷地の長手方向を生かす

敷地が細長い場合は、長手方向の距離を生かして玄関までのアプローチを長く取り、植栽を植えるなどして奥行き感を演出する。また、中庭を設けるなどして視線を長く伸ばせる場所をつくる。

## 視線の突き当たりを工夫する

視線の行き着く場所に見て楽しいもの、いい眺めを用意すると、閉塞感を軽減できる。

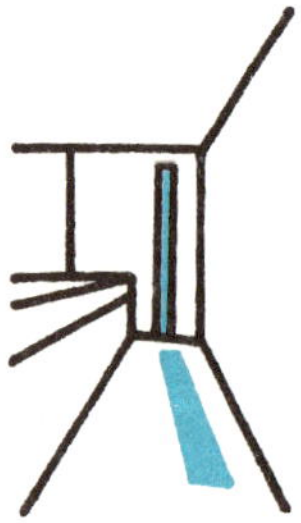

### スリット窓

スリット窓などで光を入れたり、外の植栽を見せたりすることで、視線を外へと伸ばす。

### ニッチ

壁を彫り込んでニッチをつくり、小物などを飾れるスペースをつくり、目を楽しませる。

### 照明と絵

壁に絵などを掛け、スポットライトを当てることで視線を向けさせ、奥行き感を演出する。

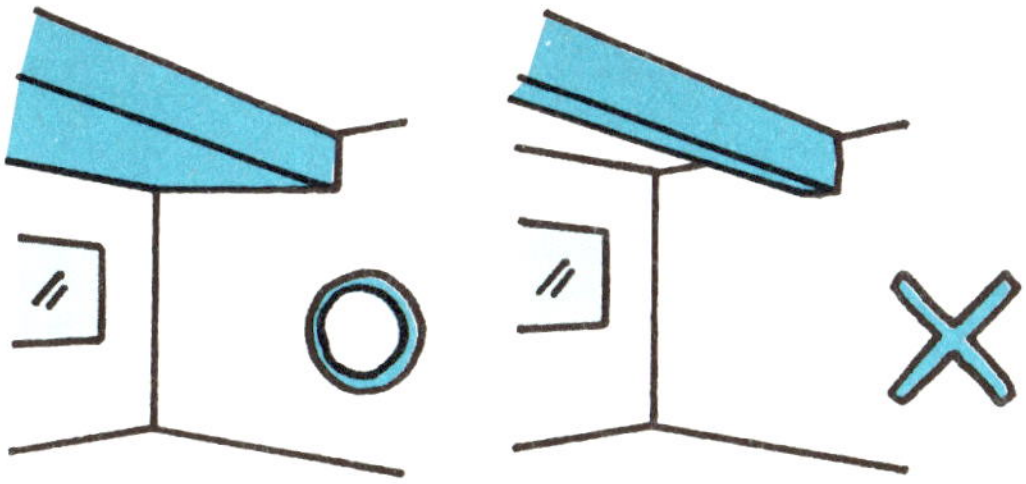

## 下がり壁は

下がり壁で空間を区切らず、つなぐことで広く見せる。下がり壁は視界に余計な線を増やし、視線の流れをせき止めてしまうので、無駄な下がり壁はなるべくつくらない。

## 壁面の収納は目線の位置をあける

壁面収納をつくるときは、床から天井までぴっちり埋め尽くすと圧迫感で狭く感じるので、目線が行きやすい中間部分は空けておくとゆったり見える。また、上下の扉の目地を合わせることですっきり見える。

## 窓の見え方もかなり重要

窓枠も、目障りな線を増やす要素。施工の方法によっては窓枠を見せないつくり方もできる。窓枠は３方の枠を壁で隠し、下枠のみを残すとすっきり見える。窓の高さがバラバラな場合は、下端または上端をそろえるとマシになる。

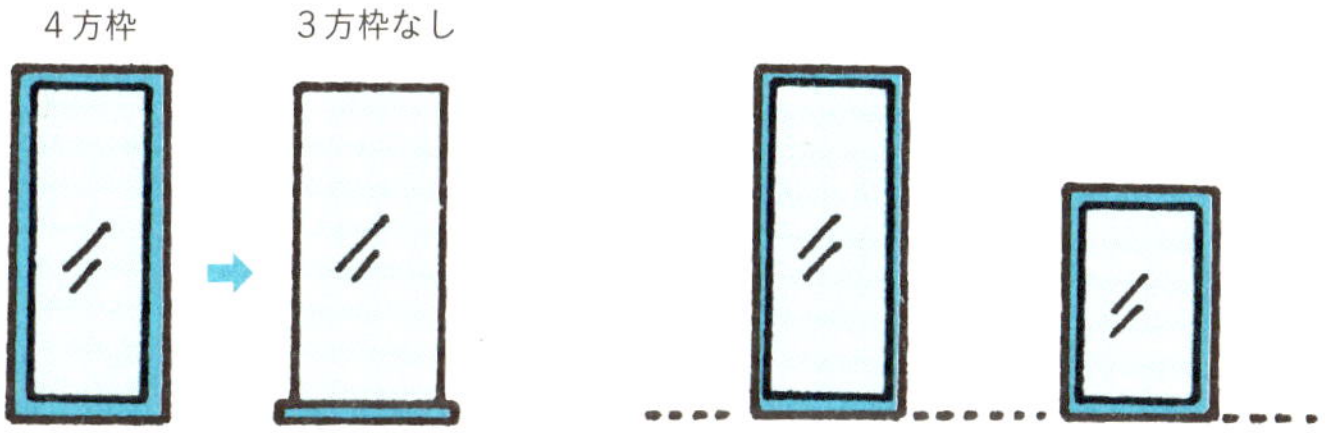


**広く感じられる家のポイントは、
視線の伸びて行く先があること、
目障りな「線」が少ないことです。**

# もし「条件の悪い敷地」に家をつくるなら

## クセがあるからこそ惹かれることもある。

家の形やボリュームは、敷地の形や高低差、周辺環境、隣地や道路との関係、建築基準法などによって決まってきます。単純な四角形で、ある程度の広さもあり、平らに整地されている方が計画しやすいのは当然で、だから価格もそれなりに高くなります。逆に、一般に不利な条件とみなされるような敷地は価格も控えめ。浮いた予算を建物に注ぎ込めるとしたら？　敷地の特性を活かすことで、世界にひとつしかない個性と魅力のある住まいを手に入れる、一発逆転のチャンスかもしれません。

敷地内に、ありえないほど段差がある、建物に囲まれていて日が射さない、風通しがよくない、「○角形」とはいえないような複雑な形……。そんな不出来な土地も候補から追い出さないで、一度設計のプロに相談してみてはいかがでしょう。あなたの想像もできなかった空間を得られる可能性が、そこに隠されているかもしれないのですから。

# 条件の悪い敷地とは？

建物を建てにくい敷地や、良い環境を得にくい敷地がある。
そういう場所に建てる場合は、建築的な工夫が欠かせない。

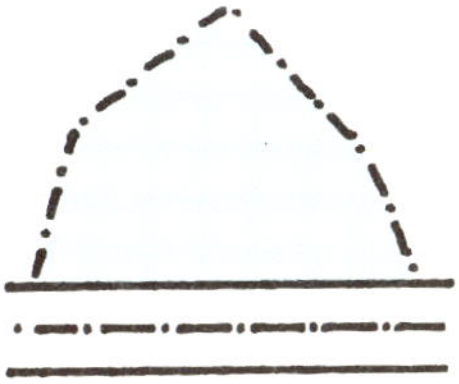

### 変形敷地

その名のとおり、変形した敷地。三角形や台形など、四角形ではないため、建物の形にも影響する。

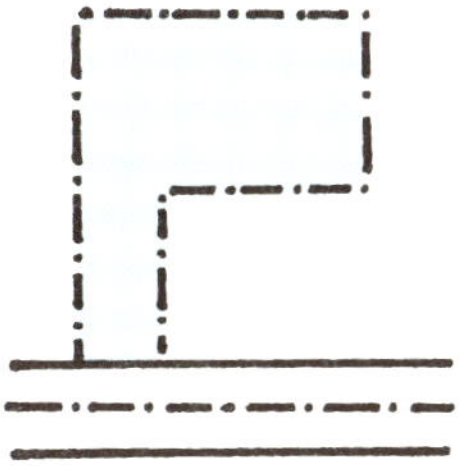

### 旗竿敷地

袋地から延びる細い敷地で道路に接するような土地。形が竿のついた旗に似ていることからこう呼ばれる。

### 傾斜地

斜面の敷地。傾斜の角度が30度以上だと急傾斜地、それ以下だと一般的な傾斜地。

### 狭小地

15坪以下の狭い土地を指す。変形敷地になっていることも多く、周辺の土地相場よりも安くなることも多い。

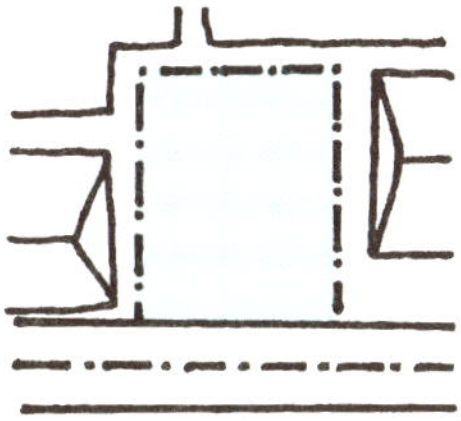

### 密集地

木造住宅が密集して建っている地域。地震や火事などの災害時には被害が大きくなる危険性がある。

### 建築規則の厳しい敷地

建ぺい率や容積率、斜線制限などの建築規則の厳しい敷地。

## 敷地条件のチェックポイント

①方位と日照・日影の状況を確認（季節・時間帯によるので注意）
②敷地内の高低差を確認
③接する道路の幅員と敷地の間口を確認
④隣地の状況と眺望を得られる方角の確認
⑤隣地との高低差や、隣家の窓位置を確認

# ( あばたをエクボに変えてみせます )

## 光や風を導き入れるテクニック

まわりに建物が密集している、北側斜面にあるなど、環境の悪い土地でも、建築的な工夫で光と風を採り入れることができる。

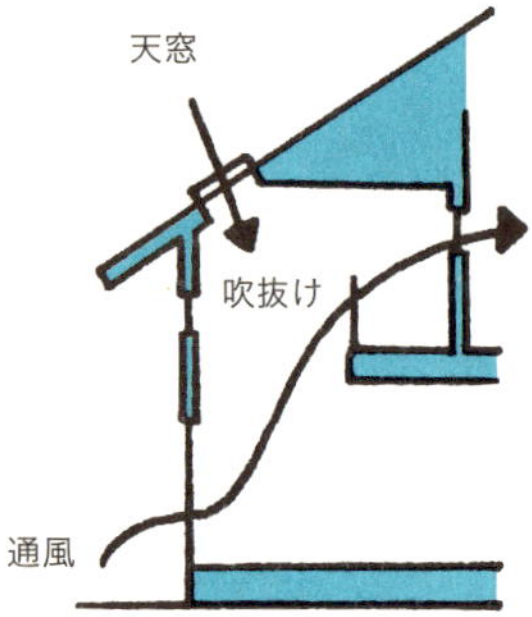


### 天窓・吹抜け

1階の日当たりが悪い場合は、吹抜けを設け天窓から光を届ける。

### 中庭・コートハウス

中庭をつくり光と風を採り入れる。たとえ北側であっても採光が得られる。

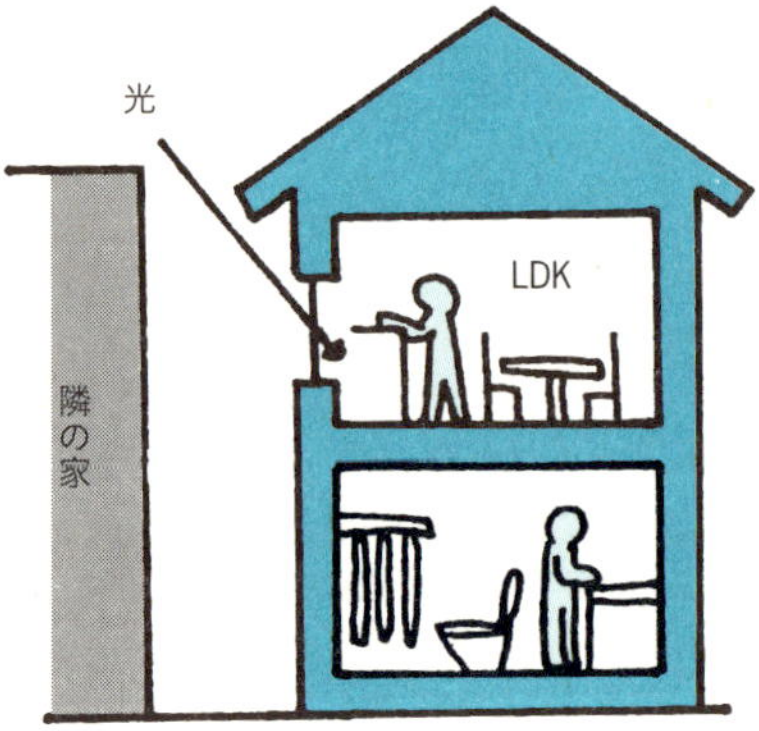


### 1・2階逆転プラン

1階に採光が期待できない場合は、2階にLDKを設けることで明るいパブリックスペースがつくれる。

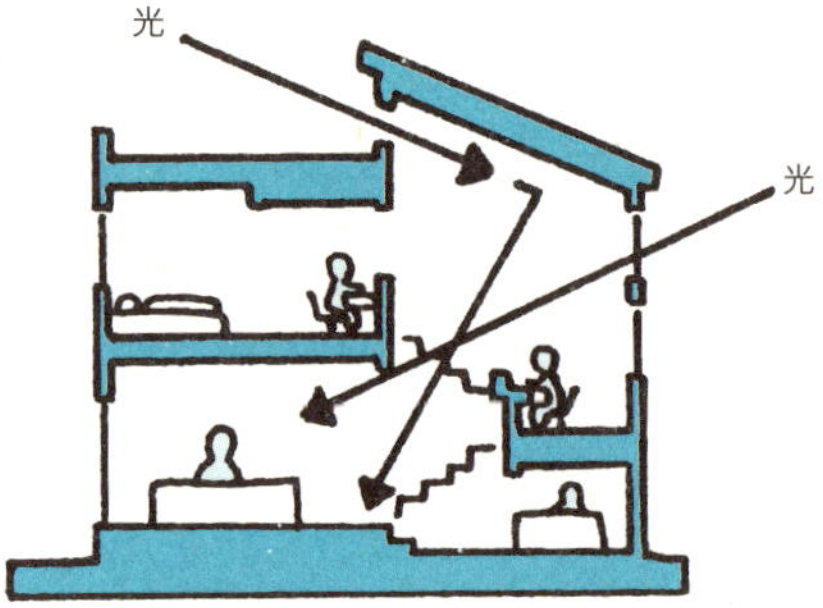


### スキップフロア

スキップフロアを活用して、上部や高窓から光を採り入れ、階をまたいで行き渡らせる。

# ( ギリギリまでねばってみる )

法律に違反しない範囲で、床面積を広げる、光を採り入れるなどのテクニックもある。

## 建築基準法の緩和を受けられる箇所を探せ！

ロフト：
天井の高さ1.4m以下、直下階の床面積の1／2以内なら「ロフト」として扱われ、床面積にカウントしなくてよい

インナーガレージ：
延床面積の1／5を上限として床面積にカウントしなくてよい

地下室：
延床面積の1／3を上限として床面積にカウントしなくてよい

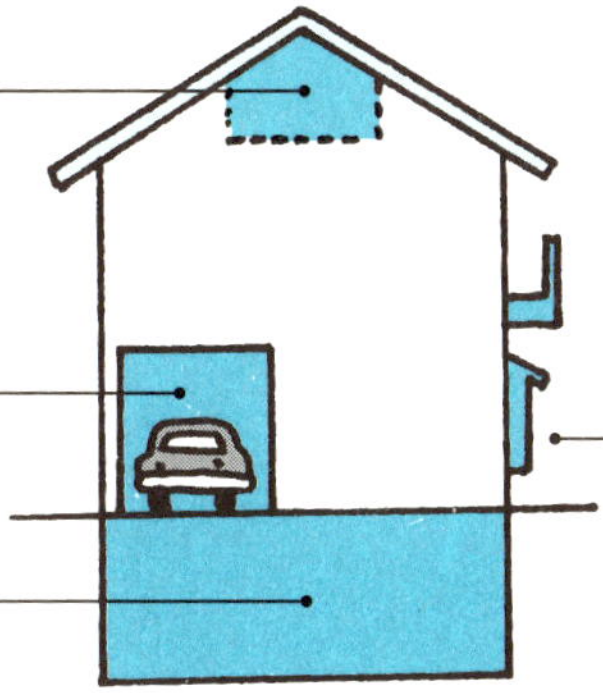

出窓：
出幅は外壁から50cm以下に。床から30cmより上に設け、見付け面積の1／2以上が窓であるものは、床面積にカウントされない

## 北側斜線制限を逆手にとる

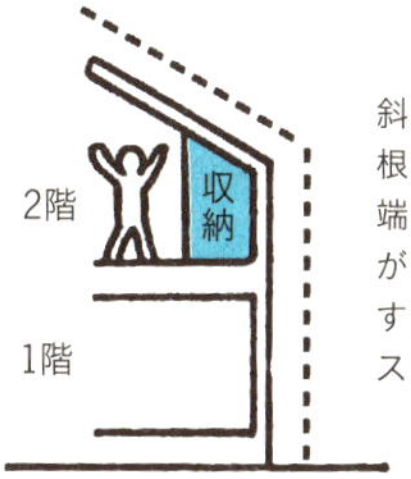


斜線いっぱいまで屋根を設けると部屋の端は天井が低くなるが、収納として利用すればデッドスペースにならない。

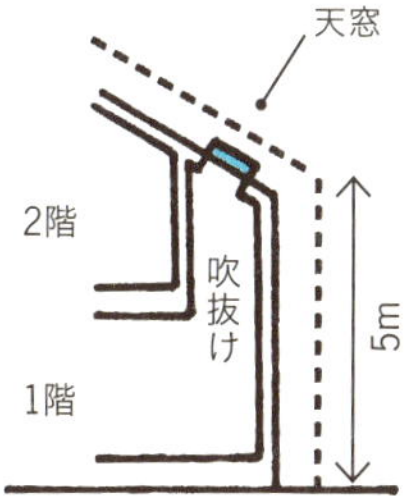


斜線いっぱいまで屋根を設け、低い部分を1階の吹抜けにあてれば、1階に開放感と採光を確保できる。

### 北側斜線制限とは

北側の敷地の日照や通風を確保するため、南側にある建物の高さを制限する法律。「北側斜線」とは、自分の敷地と隣地との境界線で、地盤から5m上のポイントを基準とし、真北方向から、勾配「1.25：1」の角度に伸ばしたラインのこと（第1種・第2種低層住居専用地域の場合）。

**条件の悪い敷地でも、設計次第で**
**住み心地はよくできます。**

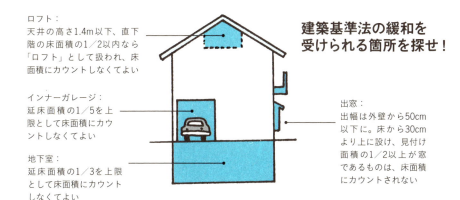

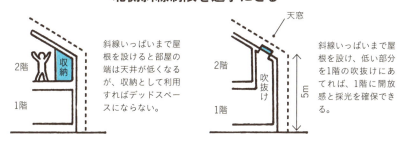

# もし「家事ラクの家」をつくるなら

## 家族みんなが主役になろう。

生きている限りけっして逃れられないもの、それが家事。それが家族の誰か一人に集中するようでは、負担感はなかなか解消されないものです。だから、みんなが家事の流れを知り、その大変さを理解し、協力体制をつくることが「家事ラク」への最短距離といえます。優れた家事動線の恩恵は、みんなで分かち合おうじゃありませんか。

家事を少しでもラクにこなすには、スムーズで効率的な動線計画が基本になります。洗濯物なら、「洗う↓干す↓取り込む↓たたむ↓しまう」という、具体的な動作をイメージしながら計画段階で動線を確認。自分や家族の生活スタイルと照らし合わせて、ストレスなくこなせるかをチェックしましょう。

また、リビング、ダイニング、キッチン、洗面室などの一角にアイロン掛けや書類整理のためのスペースを設けると、とても重宝します。複数の家事を同時にこなせるようになり、すき間時間を有効に使えるからです。

# 家事ラクな家づくりのコツ

家事は大切な仕事だから、楽しい気分で、少しでも楽にこなしたい。住まいにちょっとした工夫があるかないかが負担の軽減や快適性につながるから、じっくりとシミュレーションしたい。

## ムダのない動線をつくる

間取り計画の中で家事動線を確認。特に玄関⇔キッチン、水回り⇔キッチン、水回り⇔物干しスペースが重要になる。

## 水回りの配置を工夫する

主な家事が行われる場所、例えばキッチンと洗濯場（＝洗面・脱衣室）を近くに配置すると、複数の作業を同時進行するときに行き来が楽になって便利。

## 楽しく家事ができる環境をつくる

音楽を聴きながら、パソコンをしながらなど、何かをしながら楽しく家事ができる環境をつくる。

## 使い方自由な場所をつくる

家事コーナー、畳コーナーなど、多様な家事に対応できるスペースがあると重宝。

# 家事コーナーを設けるなら……

レシピを調べるパソコンを置いたり、アイロン掛けや服の繕いをしたりなど、家事にまつわる作業をまとめて行える家事コーナーがあると便利。収納棚があれば、郵便物や子ども関係の書類、家電の取扱説明書など、雑多な書類を一ヶ所にまとめられ、整理も楽だ。

## 畳コーナーと隣あわせに

家事コーナーの隣に多目的に使える畳コーナーがあれば、取り込んだ洗濯物の一時置き場、たたむ場所になり、家事コーナーでアイロン掛けをするのにも好都合だ。

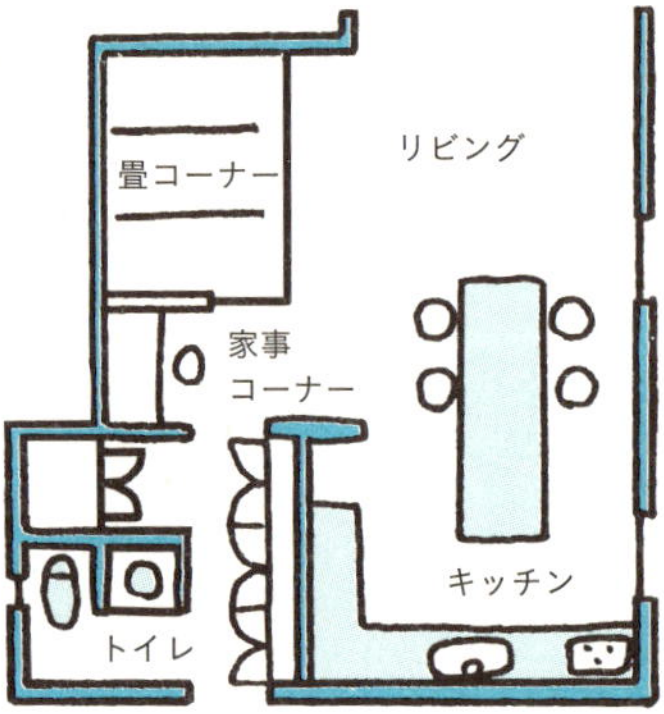


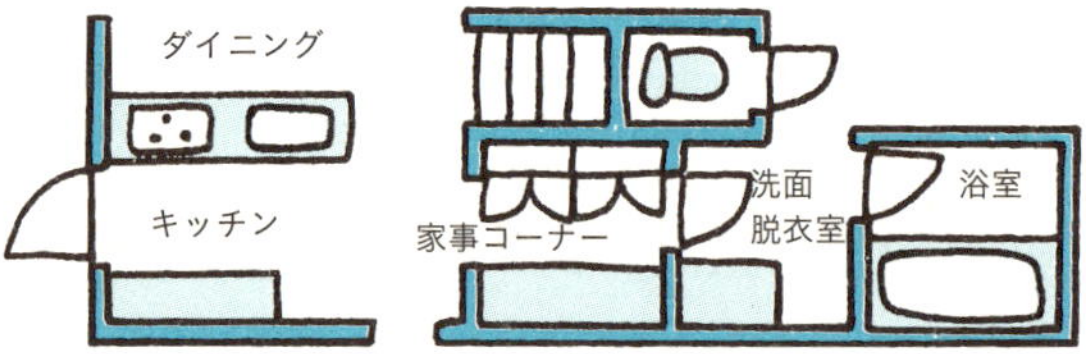


## 洗濯の場とキッチンをつなげる位置に

キッチンと洗面脱衣室をつなぐ場所を、家事コーナーに。直線上に配置すると、移動距離が短くなって動きに無駄が出ない。

## リビングとキッチン、階段にも近いところに

リビングと、2階へ上がる階段の中継点に家事コーナーを配置。お母さんが2階へ上がる子どもに声をかけやすい。ここが家族を監督する司令塔になる。

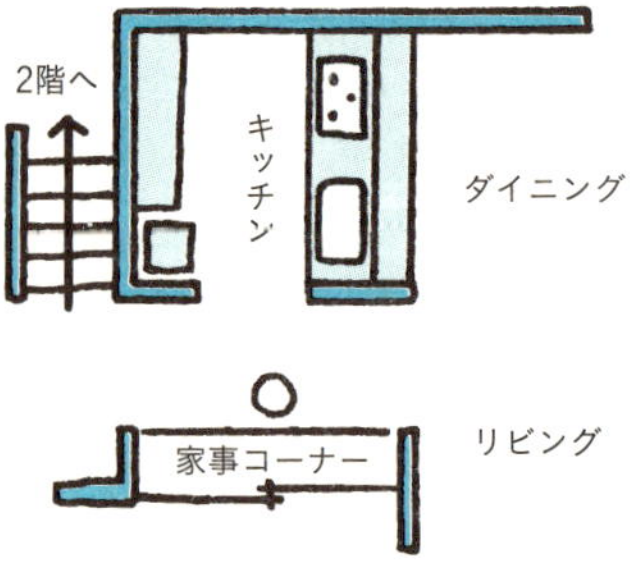

# （間取りにも助けを借りよう）

## 買い物やゴミ出しに便利な勝手口

勝手口を、外からアクセスしやすい場所に設けると、買い物の荷物を運び入れるのが楽。さらに、ガレージにも近ければ◎。毎日のゴミ出しも、わざわざ玄関を通らず最短距離で運び出せる。

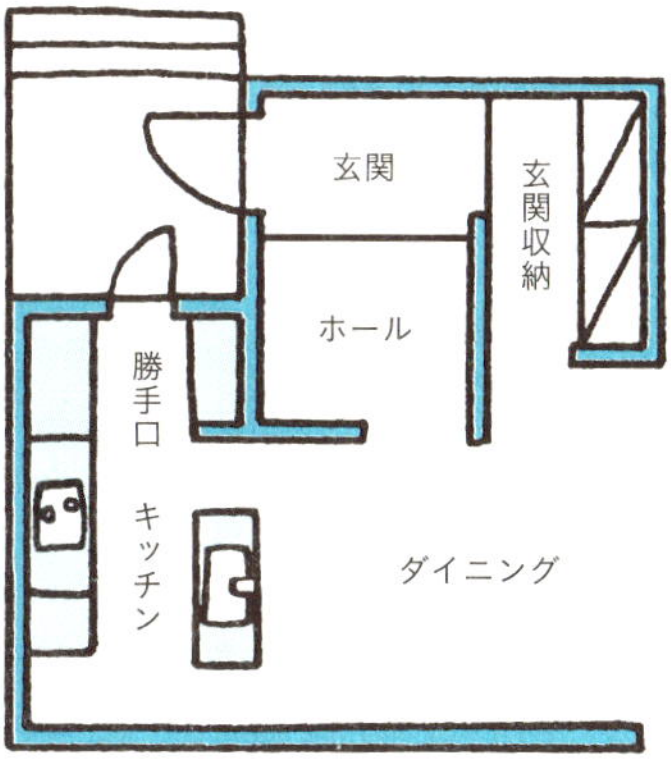


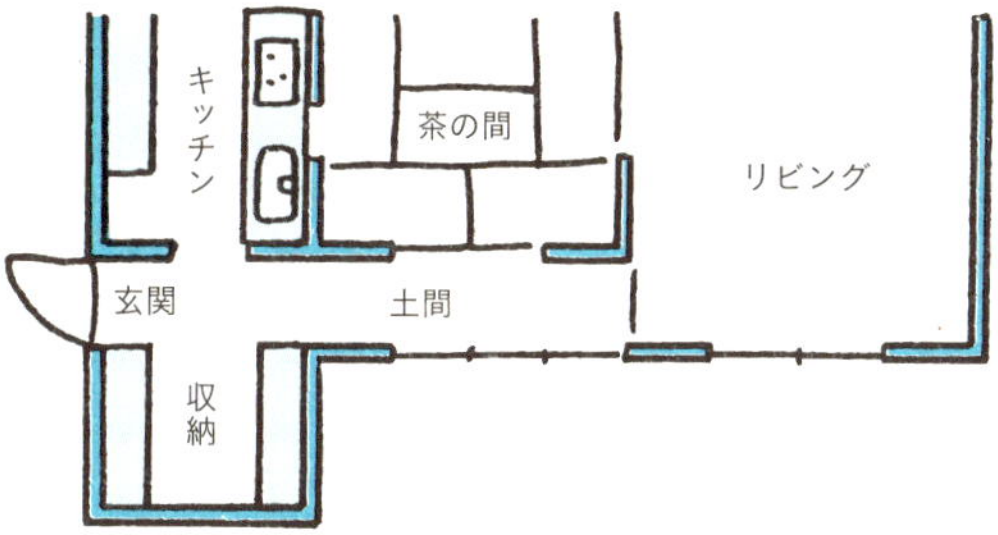


## 玄関とキッチンのいい関係に助けを借りる

玄関土間から直接入れるキッチンなら、買い物の荷物を運びこむのが楽。土間続きの収納は、外で使うベビーカーやおもちゃなどをすっきりと片付けられる。

## 部屋を少しだけ広げて助けを借りる

子ども部屋とベランダの間に廊下のような場所を設けて、洗濯物を吊るせるようにしておくと、雨の日にも干せるので便利がいい。

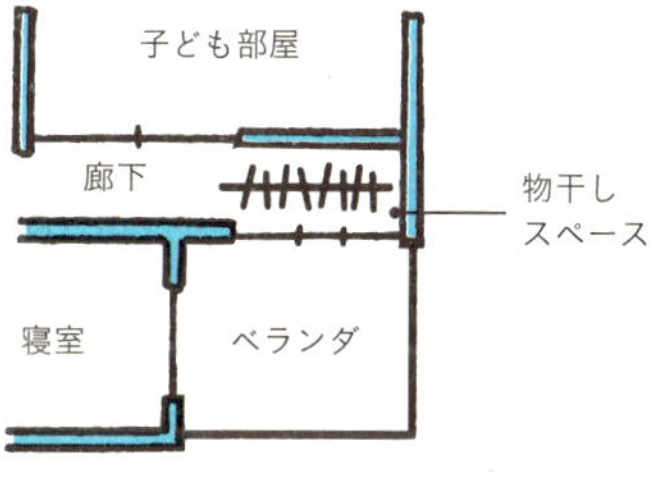


**動きやすさや合理性が家事ラクの源。時間も有効に使えます。**

# もし「中庭のある家」をつくるなら

## 中庭は相手にあわせてキャラを変える。

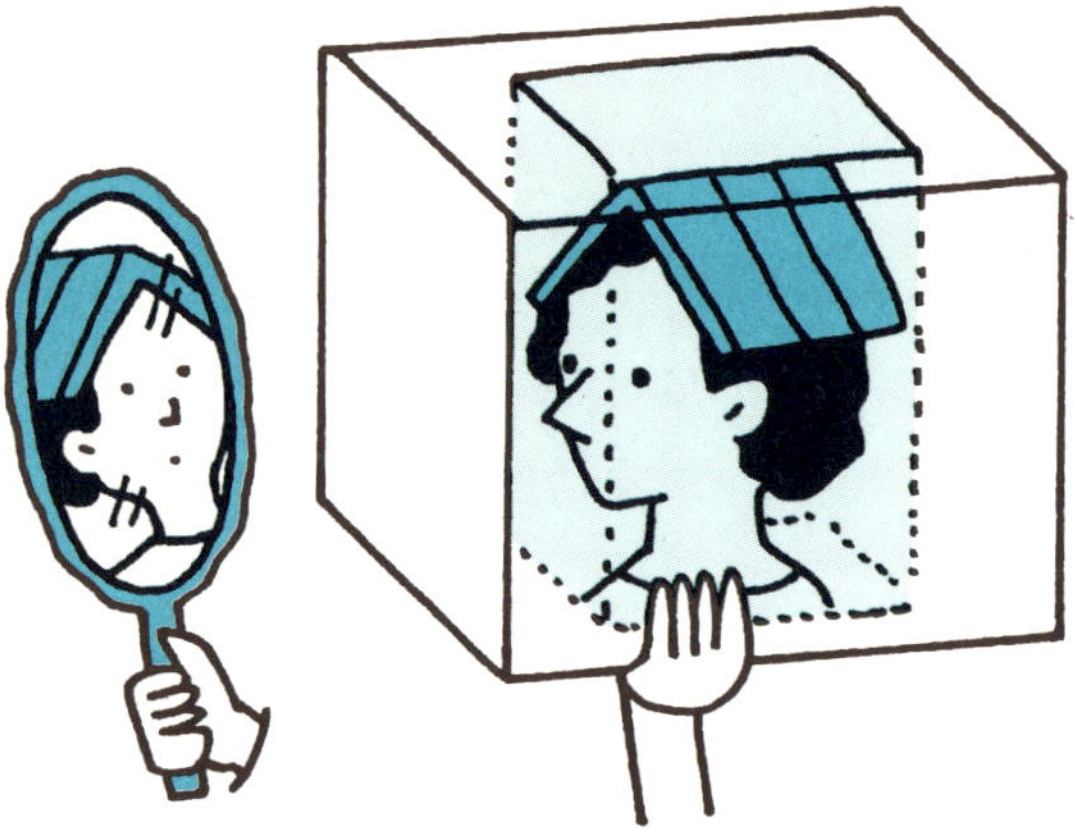

周囲からの採光が期待できない場合、中庭が光を採り入れる手段のひとつになります。また、密集地ではプライバシーを保ちながら開放感を得る有効な手法です。壁に囲まれている安心感と落ちついた雰囲気、風通しを得られることも中庭の魅力でしょう。

中庭の性質は、どの部屋と組み合わせるかによって変わってきます。リビングやダイニングとつなげるのであれば、室内の延長として多目的に使えるようなしつらえがあると、気軽に使える居場所になります。サニタリーに面した中庭なら、リラックス空間としてくつろぐ場、または坪庭的な眺めるだけのスペースにすることも考えられます。

中庭をつくると、単純な箱形の家よりも外壁の面積やサッシが増えてコストはアップしますが、それに勝る気持ちのよさや豊かさを得られるとしたら、痛い出費ではないはずです。

# 憧れの中庭は欠点も知っておこう

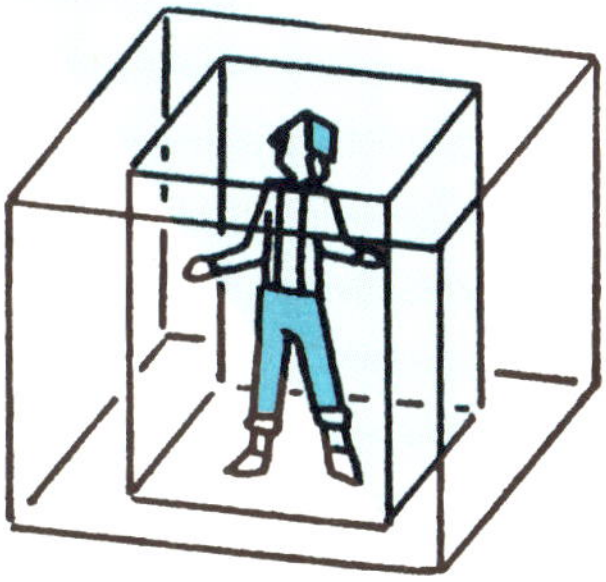

## 中庭のよいところ

・自然光を採り入れやすい
・プライバシーを保ちながら室内の延長として使える外部空間を確保できる
・窓が増えるので通気がしやすい
・北向きの敷地でも明るさが得られる

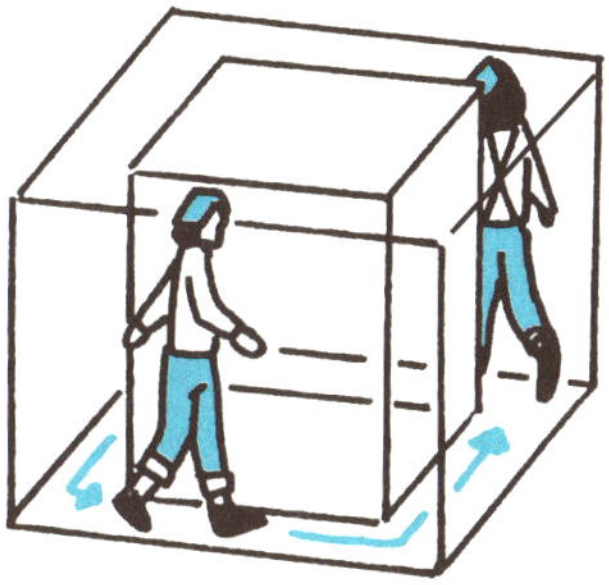

## 気をつけること

・構造上の強度が必要
・ガラス面が多くなり熱が逃げやすい
・湿気がこもる場所になりがち
・動線が長くなることも
・大雨の際、排水が溜まりやすくなることも

## 中庭のある家は、こんな条件に向いています

・人通りの多い敷地。道路に面した庭よりも、中庭の方がプライバシーを保つことができる
・敷地が狭く日当たりが悪い
・密集地でプライバシーが気になる
・二世帯でゾーンを分けたい

# （どのパターンがお好き？）

建物と中庭の位置関係は、周辺環境や中庭に何を求めるかによって選択する。

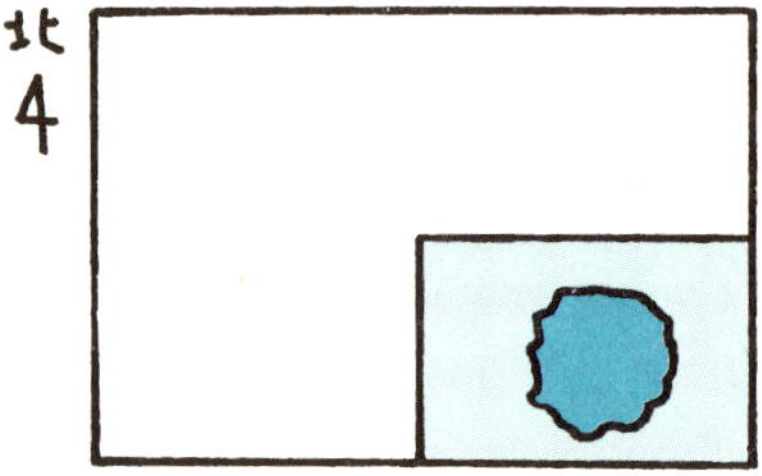


〈**L型**〉

・南東方向に中庭を配置すると、採光を最も得やすい
・南西方向に設ける場合は、夏の西日に注意が必要
・通風の計画をしやすい
・家の奥まで光が届きやすい

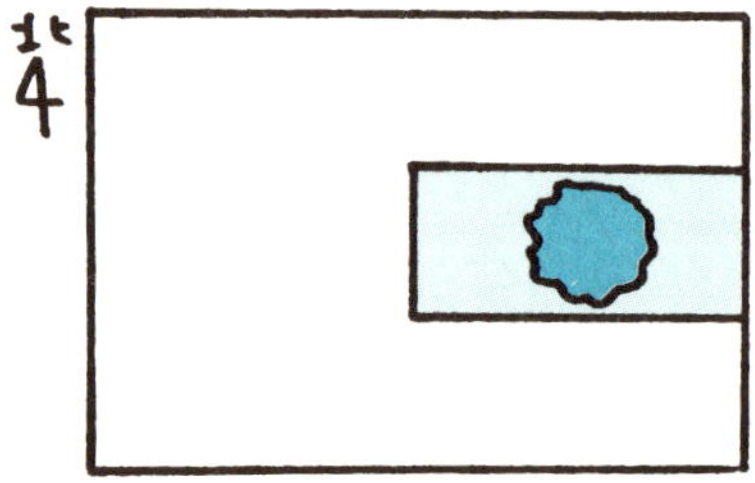


〈**コ型**〉

・南の光が期待できないとき、東側から光を採り入れることができる
・南側の棟を平屋にすると中庭が明るくなる
・プライバシーを保ちつつ外部との接点を得られる
・西側に設ける場合は冬の西日を生かすことができる

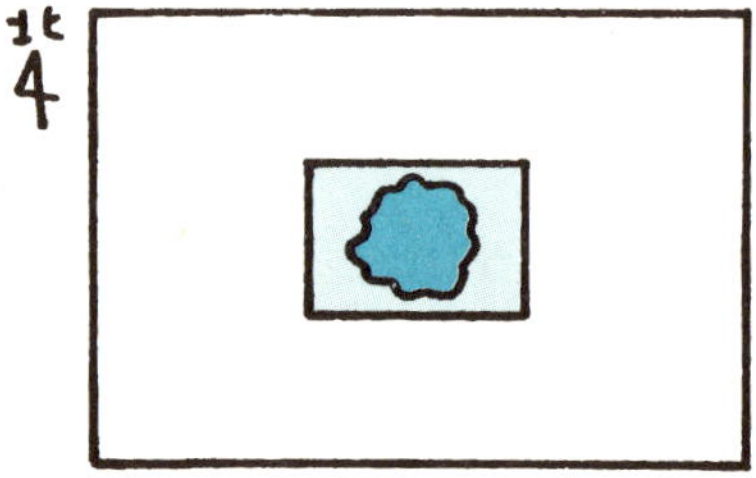


〈**ロ型**〉

・プライバシーが完全に守られる
・囲まれているという安心感がある
・四方向からの庭へ出入りができる
・内側四面から光が得られる

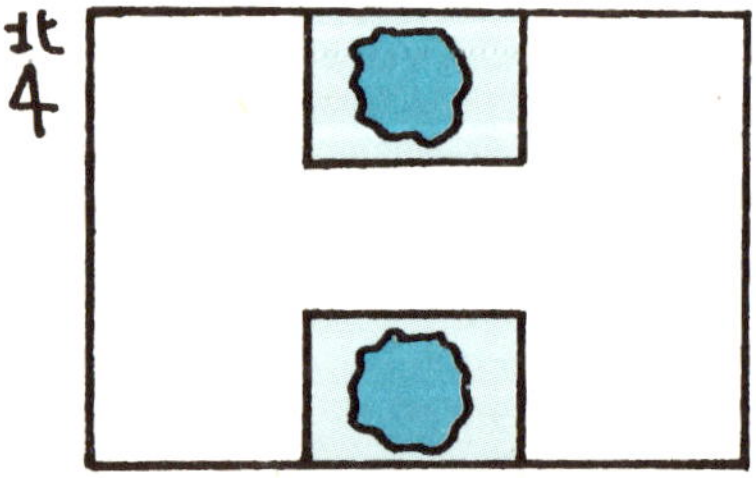


〈**H型**〉

・南側の強い光と北側の落ち着いた光が得られる
・２つの中庭を使い分けることができる
・外壁面が多いのでコストが高くなる
・居室の面積が減ることも

# （つながる相手で性格が変わる）

どの個室と隣接させるかで、中庭の役割も変わってくる。

### パブリックスペース（LDK）とつなげる

リビングの延長として時には食事の場にも。ガーデニングや友人との交流のスペースとしても使える。

### プライベートスペース（寝室・子ども部屋）とつなげる

家族だけの秘密基地といった雰囲気の贅沢なスペース。壁で囲めばラフな格好で使うことも可能になる。

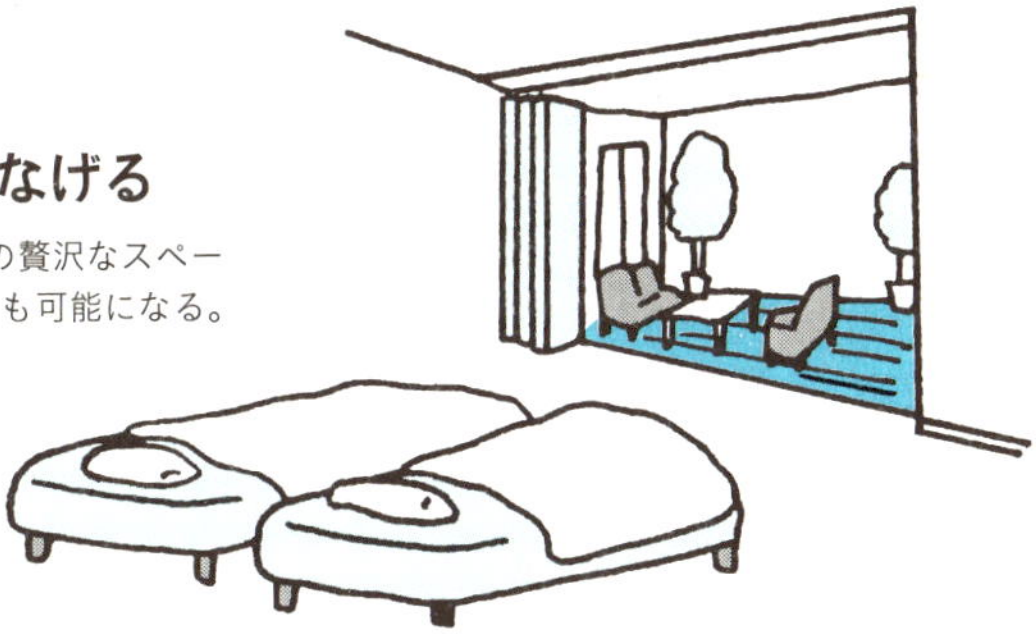

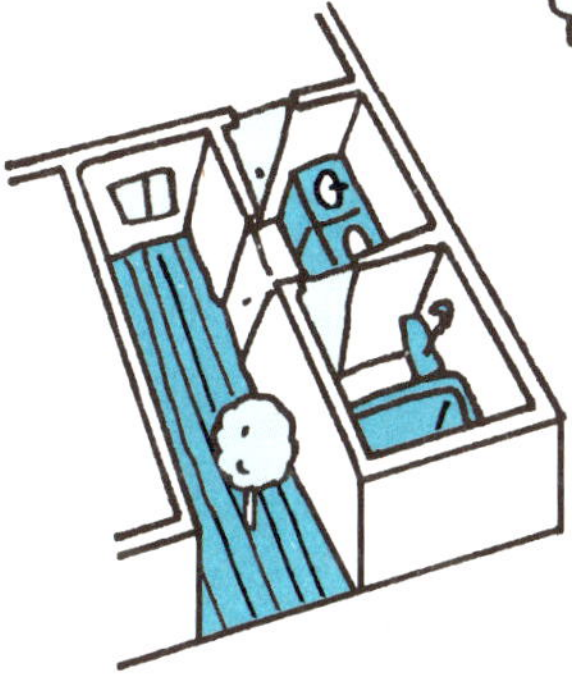

### サニタリースペース（浴室・洗面脱衣室）とつなげる

囲まれた中庭に面した浴室・洗面脱衣室では、人目を気にせずに大きな窓をつけられるので、開放的で明るい環境となる。通風・採光も得られ、洗濯物も人目に触れさせずに干すことができる。

**中庭を考えることで**
**住まいの可能性が広がります。**

# もし「吹抜けのある家」をつくるなら

## 開放的でさえあればいいの？

吹抜けは異なる階の空間同士をつなげるもの。単一の階だけでは得られなかった開放感が得られ、上下階のコミュニケーションがスムーズになります。また、空間に立体的な豊かさを加える建築的手法のひとつでもあります。

しかし、天井が高くて開放的であれば気持ちのよい空間がつくれるかといえば、そうでもないのです。1階の部屋面積に対してあまりにも大井が高いと、水平方向の広がりが感じられなくなり、左右の壁が迫ってくる印象になります。また、下階からの匂い（料理など）や音の影響があり、冬は暖気が上に上がってしまうため、1階床面の寒さが気になります。こういった問題に対策を講じておかないと、不快さを引き起こす原因になってしまうのです。

そして、何のために吹抜けをつくるのか、目的を明確にすることも大切です。得たいものが開放感なのかコミュニケーションなのかによって、天井の高さや形状などのデザインが変わってくるからです。

# （“思わぬもの”に悩むこともあります）

## 気持ちのよくない吹抜けもあります

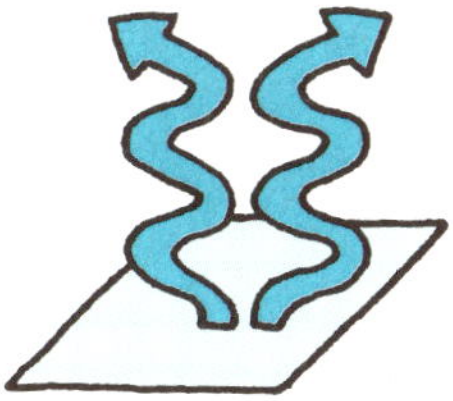

### 暖かい空気は上昇する

冬場、暖かい空気は上へ上へと逃げていくため、足元が寒くなりやすい。

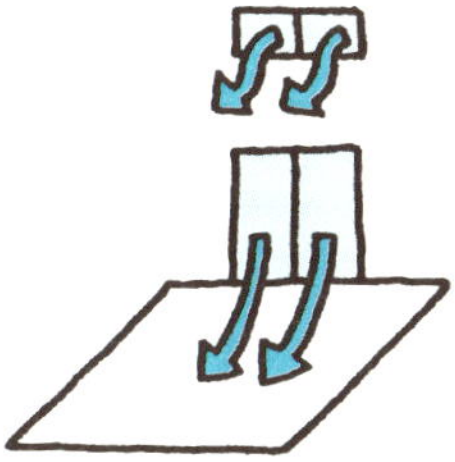

### コールドドラフトが起きる

窓辺で冷やされた空気のかたまりが暖房によって下降気流となり、足元が寒くなる。

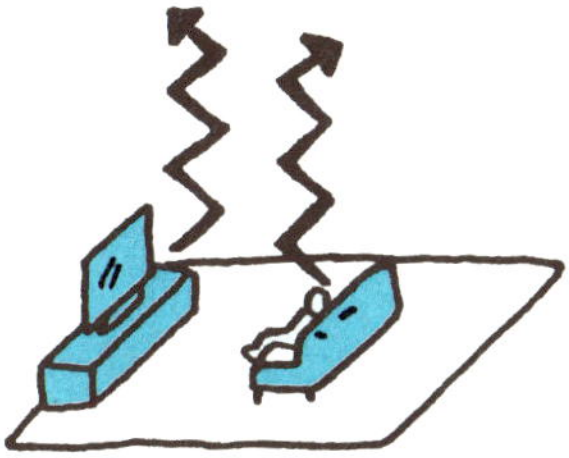

### テレビや話し声がうるさい

図面ではわからない音の問題。生活を始めてから気がついても……。

### 照明や窓ガラスのメンテナンスはどうするの

照明器具が手の届かない高い所にある場合、電球を変えるのが困難。また、高い場所にある窓は気軽に拭くことができない。

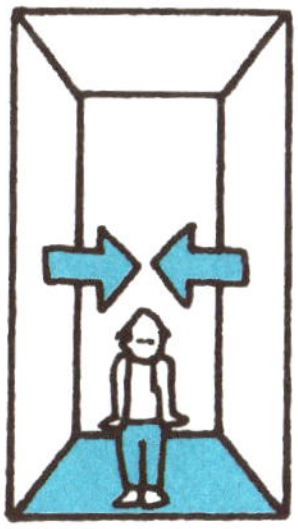

### 天井が高ければ気持ちよいとは限りません

天井が高いと上部の空間量が多いので縦方向の広がりばかりがより強く感じられる。水平方向の広がりがなくなり、左右の壁が迫ってくるように感じる。

# 吹抜けのスタイルあれこれ

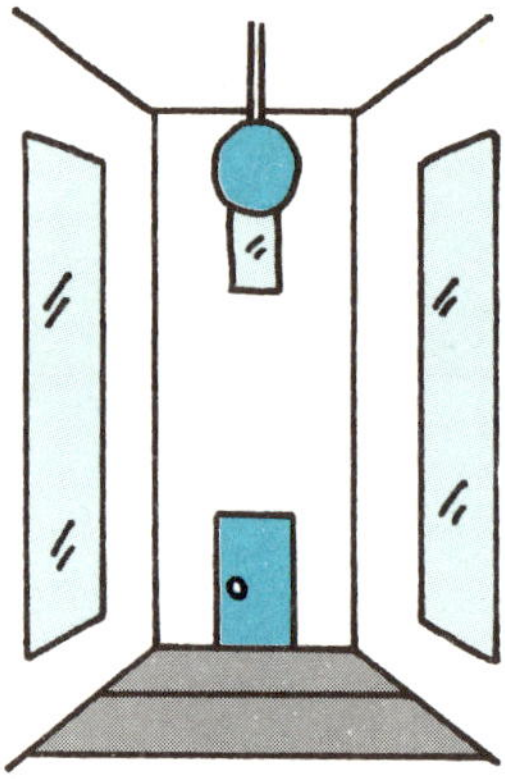

## 玄関が「表現」の場に

家の第一印象を決める玄関ホールを、開放感のある吹抜け空間とすることで、来訪者にインパクトを与えることができる。

## リビングがもっと快適になる

### 勾配天井

勾配天井と吹抜けを組み合わせるパターン。天井の傾斜に沿って、高窓へと視線が誘導されるので効果的。

### 平天井

平天井には、大きな空間を包み込む開放感と安定感があります。

## 上下階をつなぐ吹抜け

吹抜けが1階と２階を結び、コミュニケーションが楽に行える。同時にやわらかく区切る緩衝帯としても機能する。

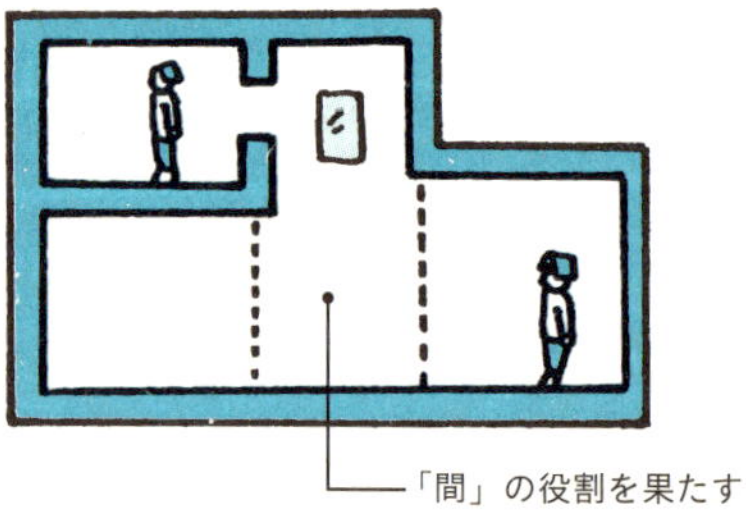

## 「不快さ」はこうして避ける

### 気密性・断熱性を高めて寒くない家に

性能の高い断熱材と断熱方法で、家の断熱性を高め、暖かく室温のムラがない環境をつくる。高断熱タイプのサッシを用いるとより効果的。

### 設備機器でカバーする

天井ファンで室内の空気を撹拌することで、上下の温度差を減らす。電気式または温水式の床暖房で、床から室内全体をムラなく暖める。ガス栓を1ヶ所設けておくと暖房器具の増設がしやすくて便利。

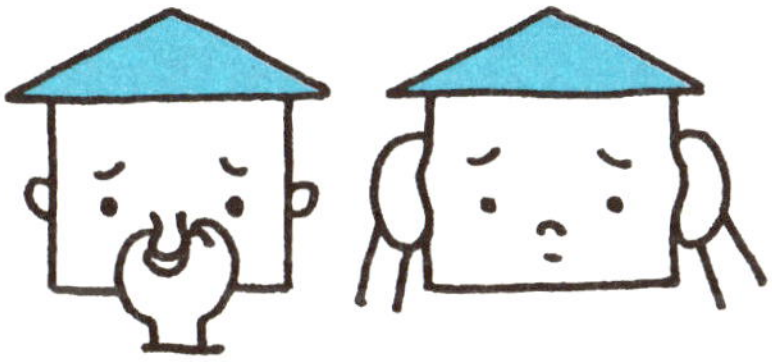

### 臭いや音への対策をする

料理の匂いが他の部屋に流れるのを避けたい場合は、給気と排気の設置場所の設計で、空気の流れをうまく導き、他に拡散しないようにする。また、1階にガラス面が多い場合は音が2階まで反響しやすいので、気になる場合は跳ね返り音を吸収する「吸音ボード」をどこかに設ける。

**吹抜けは目的を明確に、**
**欠点を補うことで**
**気持ちのよい開放感が得られます。**

# もし「エコを意識した家」をつくるなら

## エコは目に見えないものとの闘いです。

環境に与える負荷を少なくする「エコハウス」の要素は、導入を検討している人も多いのではないでしょうか。中でも「省エネ」の家にすることは、もはや常識といってもいいほどです。地域の気候風土や敷地の条件、住まい方に応じて、自然エネルギーを最大限生かしたいものです。

エコハウスが目指す環境基本性能には、断熱・日射・通風などの項目があり、特に日射を上手くコントロールすることが省エネの上で重要です。

コントロールの仕方には、太陽の熱や風の流れなど、自然の力をそのまま取り入れる「パッシブ」と、機械を使って取り入れる「アクティブ」の二通りがあり、それぞれに善し悪しがあります。わかりやすくいえば、パッシブは不安定な快適さに面白みを見つけられる人向き、アクティブは計算通りの快適さを求める人向きです。

それらを利用しながら、暑さ・寒さに能動的に対応し、工夫しながら暮らすこと。そうした「暮らし方」こそがエコハウスの核心とも言えるでしょう。

# （エネルギーをうまく使える家にする）

省エネの家は環境に与える負荷が少なく、社会的な要請も高まっている。

## 設備機器に頼らない家と、頼る家

**パッシブデザインの家**

太陽の光や熱、風の流れを利用し、温熱環境を整える。窓の大きさや位置がポイントになる。

**アクティブデザインの家**

太陽光電池パネルや、太陽光集熱器＋送風ファンなどの設備機器によって太陽エネルギーなどを取り入れる。計算通りの快適さを得るには、設備機器のコストがかかる。

## エコを意識した家の、7つのチェック項目

- □ **断熱性** …………………… 高い断熱性を備えているか
- □ **気密性** …………………… すき間風はしっかり防げているか
- □ **日射調整** ……………… 夏は遮蔽し、冬は取り込むことができるか
- □ **蓄熱性** …………………… 熱を蓄えておける建材を導入できるか
- □ **通風** ……………………… 窓の配置や大きさは、風通しが考えられているか
- □ **熱ロス** …………………… 熱ロスの少ない換気計画ができているか
- □ **エコ建材** ……………… 廃棄した時に有害でない建材を使っているか

# お天道さまとうまくつきあうには

太陽の熱をうまくコントロールすることが、エコな家には必要だ。冬は暖房として採り入れ、夏はなるべく室内に侵入させないようにする。そのためには建築的な工夫が不可欠だ。

## 夏季と冬季の太陽高度はこんなにも違う

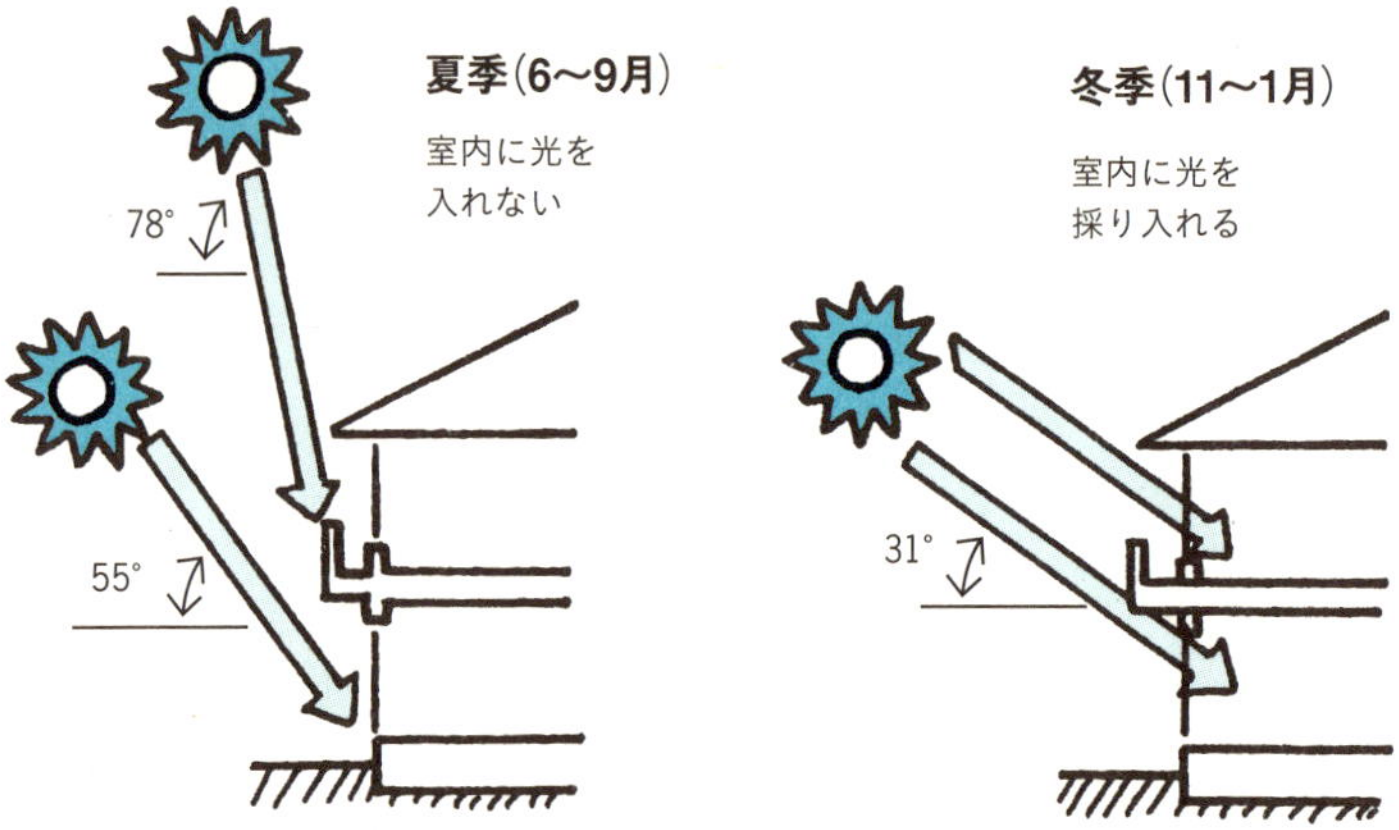


夏季（6〜9月）の11〜13時のいちばん気温が上がる時間、太陽高度は55°〜78°程度になる。軒・庇の長さは長いほど遮光の効果は上がるが、75cm〜90cm程度が現実的で、冬季の日射を採り込む上でも効果的。

### 冬至は隣家との距離が6m必要

冬のもっとも低い太陽高度は首都圏で31°。2階建ての家が南側に建っている場合、1階に光を採り込みたいときには、隣家との距離を6m以上離す必要がある（隣家の高さによる）。

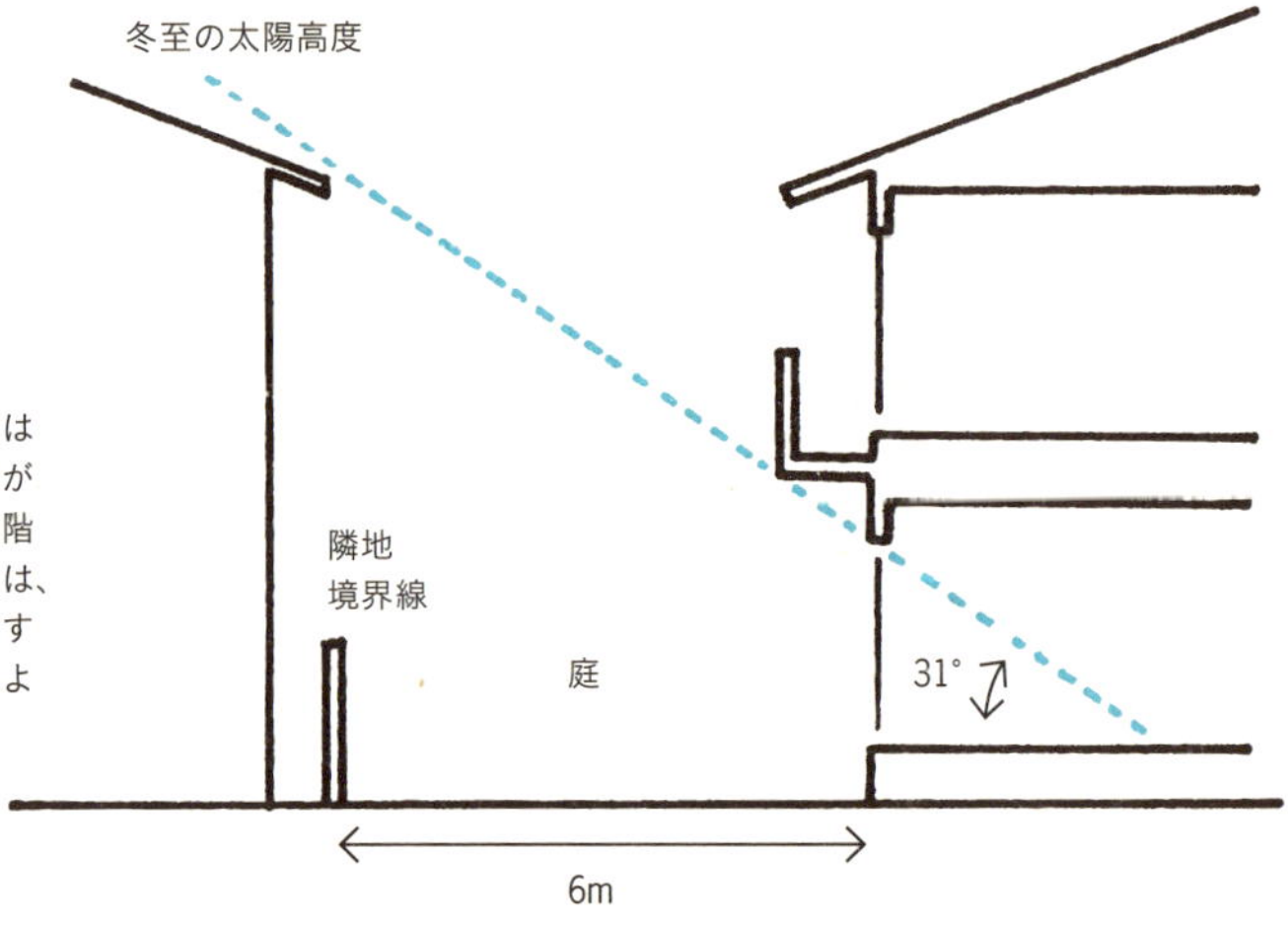

# エコを意識した家はどんな家？

太陽の熱を生かす他にも、空気の流れを利用するなど、自然エネルギーをうまく採り入れて、エネルギー消費を小さくする工夫はいろいろある。

## 家づくりに生かすには

- 部屋同士を区切る間仕切りを少なくして、夏の風通しをよくする
- 南側には冬に太陽の光と熱を採り入れる大きな窓を設ける
- 北側には夏に涼気を採り入れ、風を抜く窓を設ける
- 夏の日射は軒や庇、バルコニーなどでコントロール
- 自然素材をたくさん使う

## 自然の力を借りて快適に

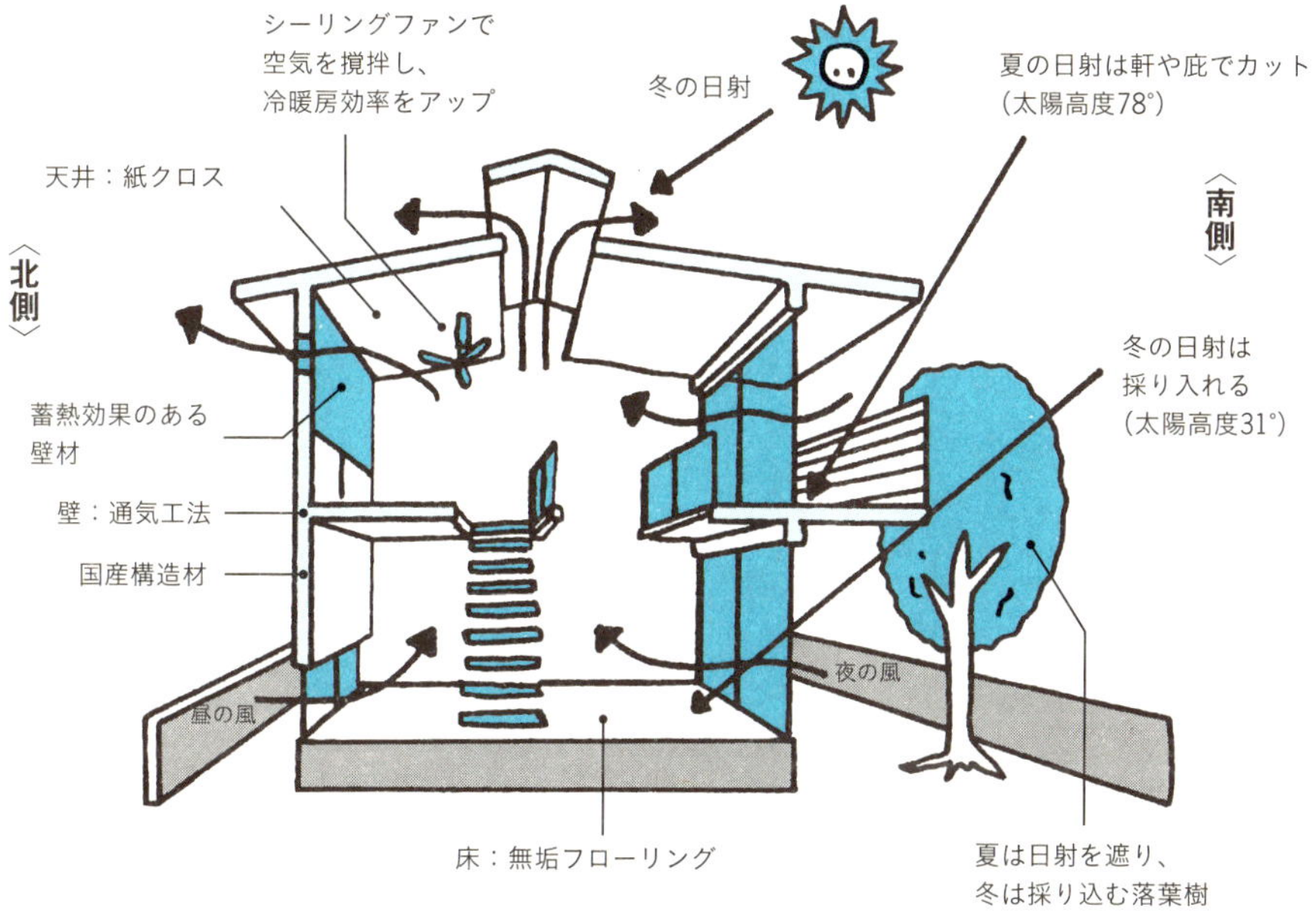


**光・風・熱などのエネルギーを**
**うまくコントロールし、環境への負荷を減らそう。**

# もし「白い家」をつくるなら

## 意外と失敗しがちです。

「白い家」は人気のイメージのひとつです。白は単独でも魅力的ですが、他の色と無理なく調和する懐の深さも持ちあわせています。部屋の一部に差し色を添える場合は、それを際立たせる名脇役として振る舞います。木質の壁や天井とは名コンビぶりを発揮し、広がり感や緊張感を生み出します。白は、出るところ・控えるところをわきまえているのです。

　同じ白色でも色味や質感は多様で、組み合わせに失敗するとまとまらなくなることも。できれば現場にサンプルを持ち込み、色合わせをしておきたいものです。また、白を多用しすぎると無機質になることもあるので、ご注意を。

　ところで、新品だった白も、やがては汚れる時がきます。経年による劣化が気になる場合、外壁には耐候性の高い塗料を選べばメンテナンスの頻度が少なくてすみます。手垢の目立ちやすい内装は、拭き掃除などの手入れが容易な仕上げを選ぶか、割り切って数年ごとの張り替え・塗り替えを前提とします。

# 白い色ってどんないろ？

## ひとくちに「白」といっても、こんなにあります

### パールホワイト

ほんの少しグレー味を
帯びた白色

### オフホワイト

ほとんど白に近いが少し
色味を感じられる白色

### アイボリーホワイト

わずかに黄みのある白色

### オイスターホワイト

カキの身のようなやや
グレーがかった色

### スノーホワイト

雪のように真っ白い
混じりけのない白色

## 材料によって違う白の性質

### 均質な白

工業製品などに見られる、のっぺりとした均質な白。やや硬質な印象を与えるので、使う面積が多くなりすぎないように注意する。

### ゆらぎの白

天然素材などに見られる、不均質でやわらかさのある白。表面に細かい凹凸があることで、光の反射が複雑になり、深みのある表情になる。

## （ 知っておきたい白の特徴 ）

### 可憐で清楚に見えますが……

膨張色なので、家の外観が実際より大きく見え圧迫感を与えることもある。そこで、ワンランク明度の低いアイボリーなどの色を選ぶ。

反射率が高いので、白すぎると疲れる要因にもなる。また、無機質なイメージにもなりがち。

### 包容力のある子です

天井が木、床がタイルなど、いろいろな素材を使っていても、壁が白ければまとめの役割を果たしてくれる。

大きな面積に白を使う時に添えるアクセントカラーは、どんな色でもなじみやすい。

# ( 上手な白の使い方 )

## 白が引き立つ組み合わせ

玄関では、白い壁に濃い色の床タイルや、木製の玄関ドアと組み合わせることで、意識的にコントラストをつけ、メリハリのある印象をつくる。

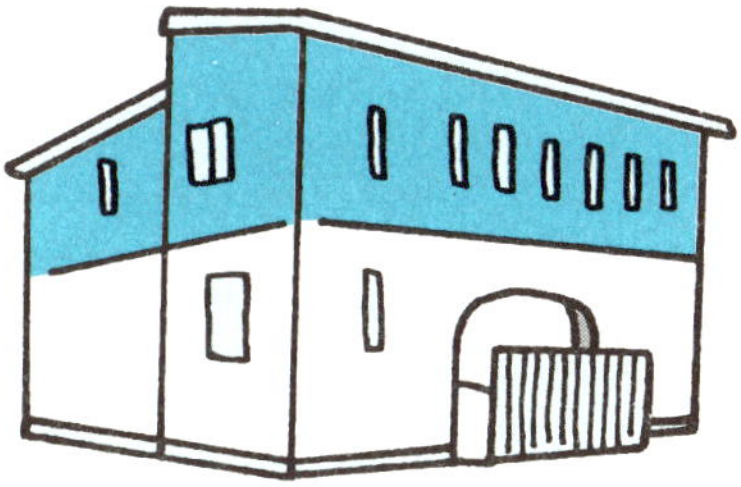

形が単純な外観は、全体を白一色にすると膨張して締まりのない印象になりやすい。そこで、上半分を焦げ茶色にするなど、濃い色と組み合わせることで引き締まり、見栄えがよくなる。また、圧迫感も軽減される。

## 汚れが気になるときは

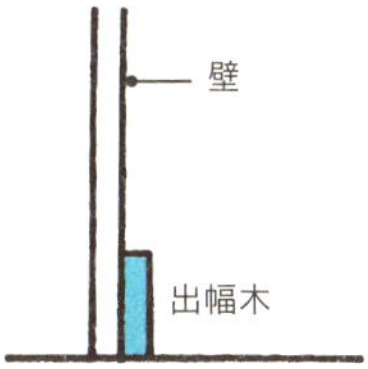


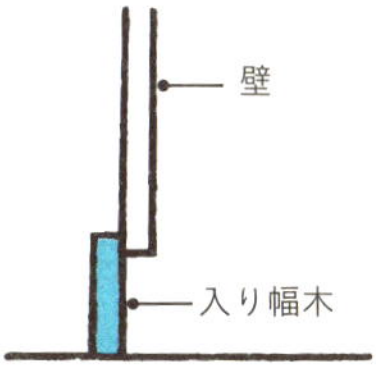


白い壁に合わせ幅木も白くしたいときは、壁面より奥にすると、見た目もスッキリし、汚れにくくもなる。

白い塗装の壁の場合、スイッチ回りはどうしても汚れやすい。スイッチ回りだけ汚れを拭き取りやすい艶あり塗装にすることで解決。

**白は、色や素材が多いとまとめ役に、**
**使いすぎると無機質に。**
**きれいに使うにはバランスが大事です。**

# もし「薪ストーブのある家」をつくるなら

## ほんとはみんな火遊びが好き。

現代生活から姿を消しつつある火を薪ストーブで取り戻せば、ゆらめく炎、薪のはぜる音、煙のにおいに心が和み、生活に広がりが生まれます。ただし、スイッチひとつでオン／オフや温度調整ができる暖房機とは違い、様子を見ながら薪をくべたり、灰の始末をしたりと、目と手と頭を使い能動的に関わることが求められます。それは、裏を返せば「面倒くさい」ことかもしれません。でも、一度経験してみると、自分から快適性をつくり出すことの楽しさ、面白さがわかるはず。火にはエアコンでは得られないじんわりとした輻射熱の暖かさがあり、炎を眺めることには心を鎮めるリラックス効果があります。

一方、憧れだけで導入し、やがて使われなくなってしまうケースも。そうならないためには、自分たちのライフスタイルや志向を、客観的に見てみる必要がありそうです。面倒くささを楽しむ心のゆとりがある家庭ほど、薪ストーブが「火の目を見る」機会は多いはずです。

# 押さえておきたい薪ストーブのツボ

イメージや憧れだけでだいじょうぶ？　素晴らしさがある反面、指一本で扱える暖房器具ではないから、導入の前に持っておきたい予備知識がある。

## 身体だけでなく心も温まります

・火のまわりには人が集まる
・家族の親密な雰囲気や安心感をつくり出す
・便利な世の中だから、あえて手間をかけることで小さな達成感が得られる
・土間などと組み合わせて設置場所を考えることで、個性的な間取りが生まれる

## ちょっと手間のかかる子です

・家全体が暖まるまで着火してから2～3時間かかる
・意外と忘れがちなのが、薪のストック場所の確保
・2階に設置すると1階は暖かくならない
・24時間換気設備と薪ストーブの設置場所を考慮しないと、室内に煙が逆流することもある

# 薪ストーブライフをより快適に

## こんなライフスタイルの人が向いている

冬場の主暖房として考えている人。
たまの火遊びでは長続きしない。

こまめにメンテナンスのできる人。ほったらかしは不具合の原因に。

### メンテナンスはマスト

使用状況にもよるが、煙突に煤が付いてトラブルの原因になることがある。また、劣化しやすい部品もあるので、年に一度から数年に一度、専門家に点検とメンテナンスを依頼するとよい。

### 補助暖房はあったほうがいい

つけてから部屋全体が暖まるまでに時間がかかるので、薪ストーブは補助暖房との併用を考える。電気式の床暖房・エアコンは子どもでも操作が可能で、部屋全体が早く暖まる。

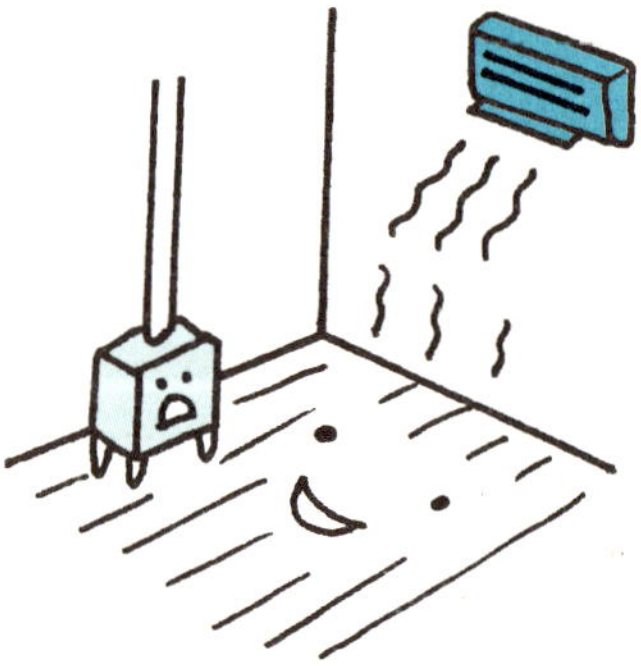

# 住まいの「ヘソ」として間取りに生かす

薪ストーブの設置場所は間取り計画と同時に考える。くつろぎ方や、料理に利用したいかなどによって、設置場所も変わる。きっと個性的な間取りが生まれるきっかけになるだろう。

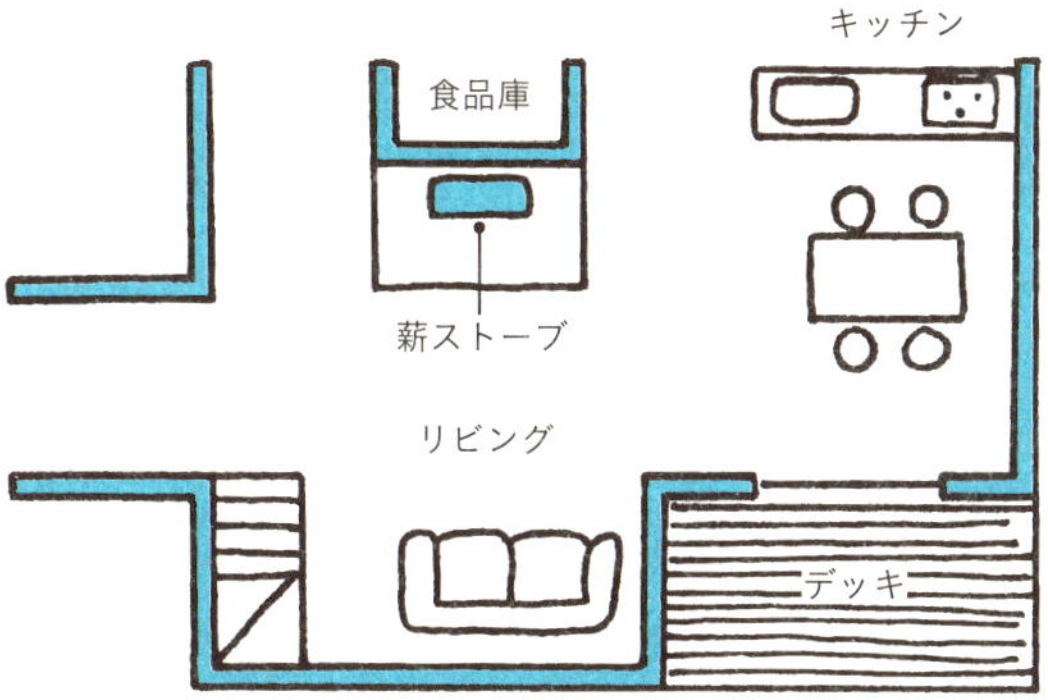


## LDKの中央に設置する

LDKなどの広い空間では、存在感の大きな薪ストーブが空間の重心となり、どっしりとした安定感がもたらされる。冬は薪ストーブ前が団らんの中心となり、人が集まる。

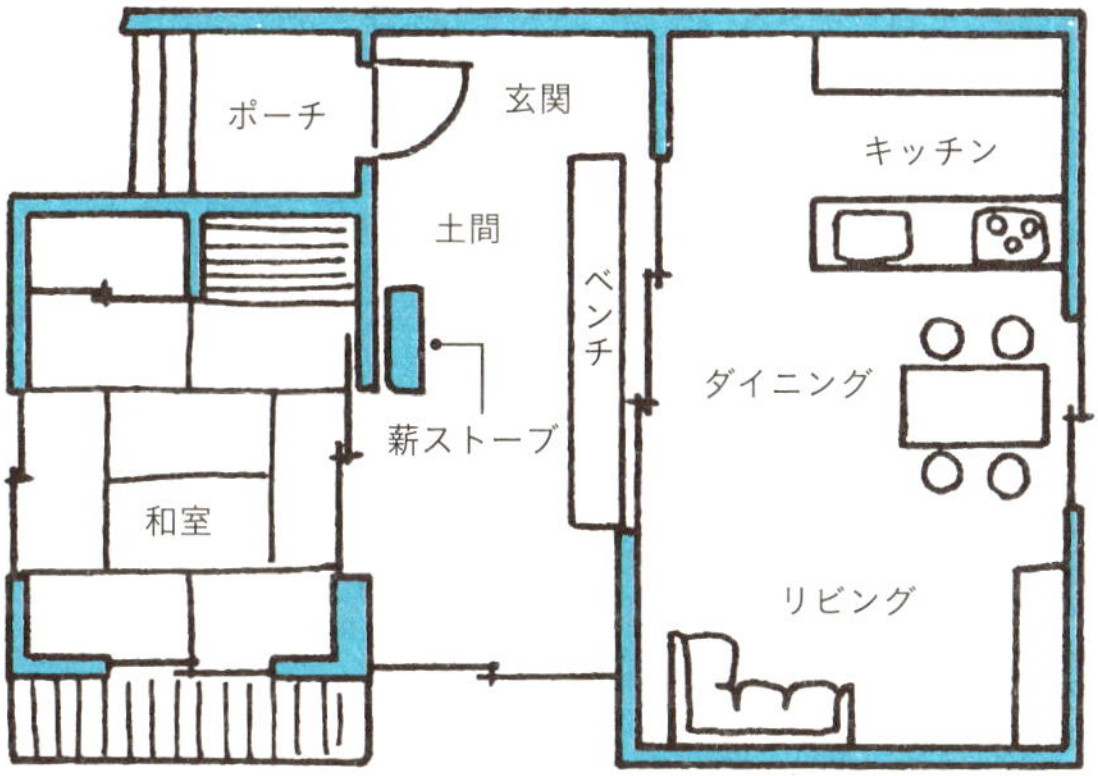


## 土間と組み合わせる

玄関を拡張して土間スペースをつくり、薪ストーブを設置する。和室やLDKなど、つながる部屋を暖めることができる。また、灰の処理など、床の汚れを気にしなくてよいので、気軽に使える。土間に蓄熱性のある床材を用いれば、火を消した後も暖かさが長持ちする。

**火は生活空間を暖めるばかりでなく、**
**家族の和をつなげてくれます。**

# もし「木造3階建ての家」をつくるなら

## 足元はしっかり重さに耐えなければなりません。

地価が高い都市部では、木造3階建ての住宅が珍しくなくなりました。小さな敷地でより多くの床面積を確保するための、有効な利用法のひとつです。都市部での3階以上は、長らく鉄筋コンクリート造や鉄骨造に限られてきましたが、法律が変わり、一定の基準を満たせば木造の3階建てが可能になり、コスト的にも建てやすくなりました。

しかし、安易に建ててしまうと暮らしにくい家になってしまうことがあります。3階建てでは階ごとに用途がはっきりと分かれ、その結果各部屋の独立性が高くなります。つまりは、家族間のコミュニケーションが取りづらくなるということ。ですから、リビングなどの家族空間をどの階に配置するかが、間取り成功のカギになります。また、構造を安定させるために、下の階ほど耐力壁がたくさん必要なので、窓が少なくなります。間取り計画の際は、そのあたりも考慮することになります。

# （キーワードは「バランス」）

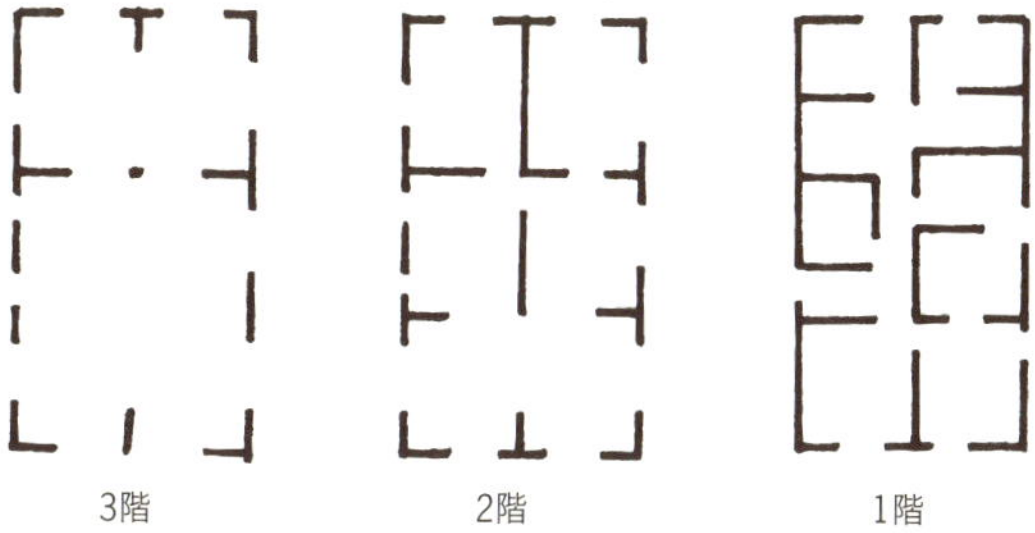


## 細長い建物は足元の強さが頼り

1階＝筋かいの入った耐震壁が多く必要
2階＝1階と柱の位置をそろえ、
　　やや開放的にできる
3階＝大きな窓を設けることが可能

## 背が高いからしおらしく見せたい

建物の形状が細長いと、外観のバランスがとりにくい。また、耐震的にも不安定になるため、1階にたくさんの耐震壁が必要。そのため1階部分の窓は小さく、少なくなる。2、3階の開口部との関係性、見た目のバランスが大切。

## 上下の温度差が大きくなります

空気の対流によって、上階にいくほど暖かく、1階は寒くなる。下の階は日照も限られる場合が多いので、より寒い。適切な暖房設備の選択や空気を撹拌するシーリングファンの設置、上部換気窓の配置など、寒暖の差を少なくする工夫が必要だ。

# LDKの振り分け方で暮らしが変わる

## 暮らしの真ん中を建物の真ん中に

LDKを2階に配置すると、生活が2階を中心に行われるようになる。1階と3階、どちらからもLDKにアクセスしやすいので、家族間のコミュニケーションがとりやすい。

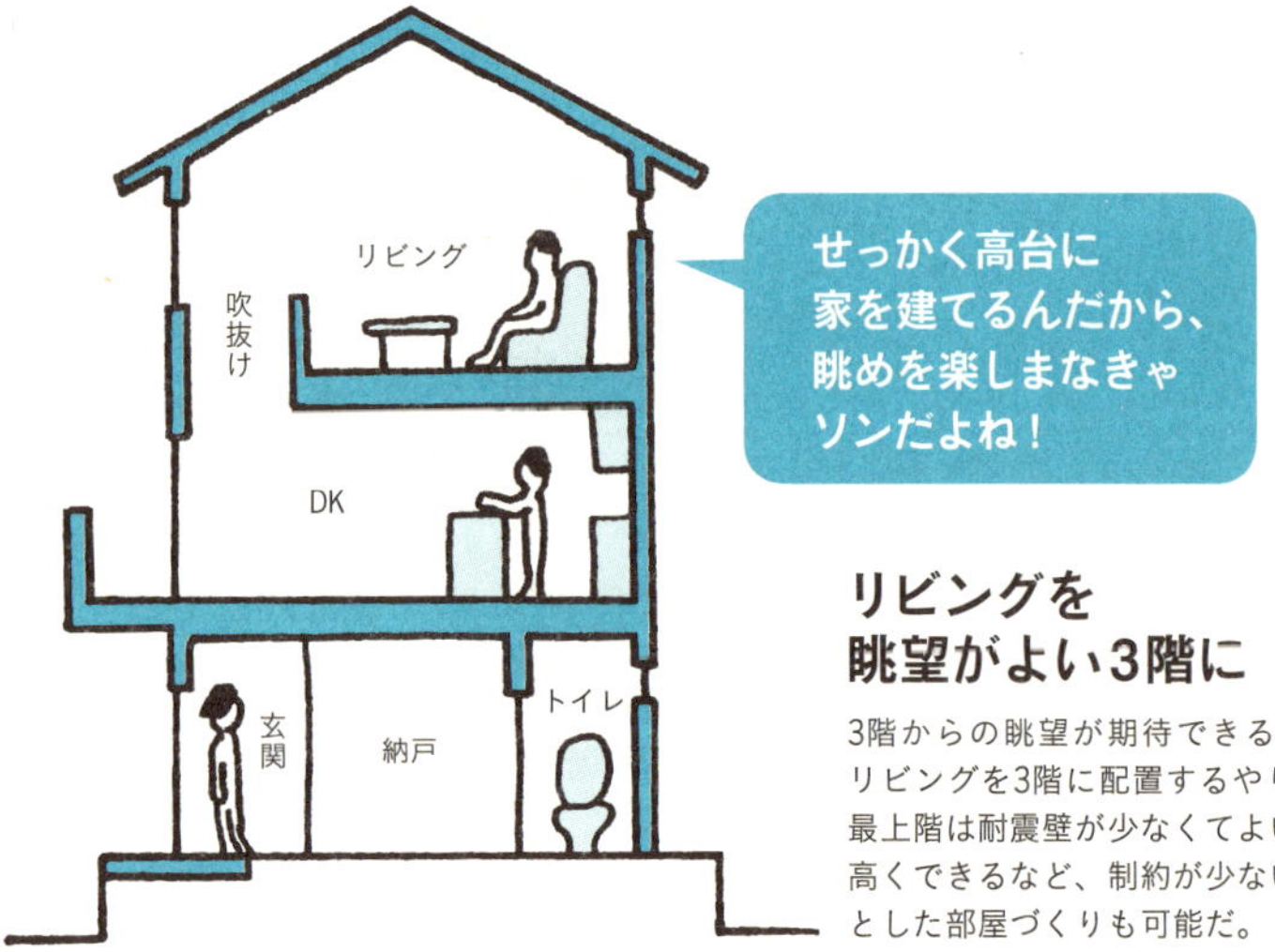


## リビングを眺望がよい3階に

3階からの眺望が期待できる場合には、リビングを3階に配置するやり方も有効。最上階は耐震壁が少なくてよい、天井を高くできるなど、制約が少ないので広々とした部屋づくりも可能だ。

# 狭いながらも変化をつける

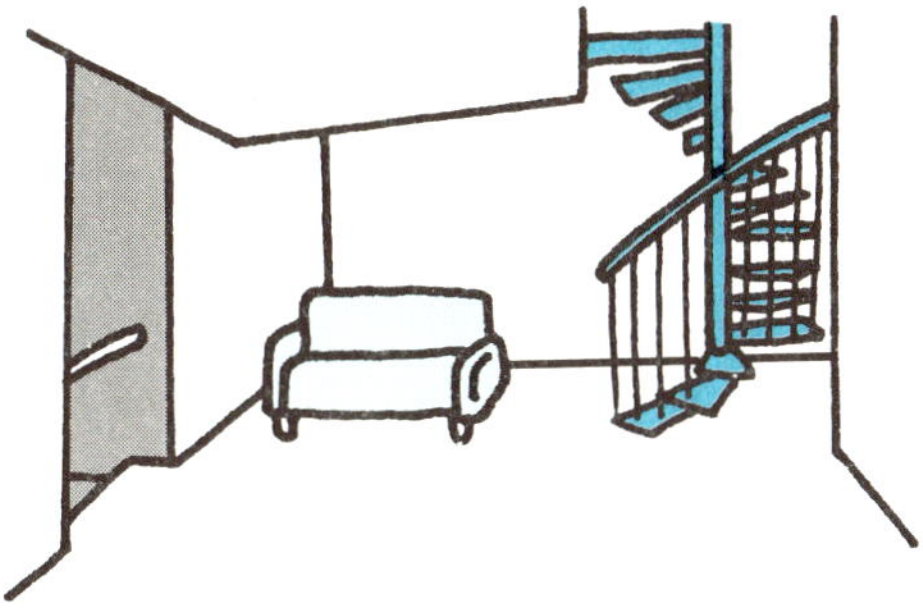

## 多すぎる階段に変化をつける

3階建てでは、生活の中で階段の上り下りが多いので、階段室の様子が単調にならないようにしたい。例えば、1階から2階への階段を直線階段、2階から3階に上がる階段を螺旋階段にするなど変化をつけると気分を変えられる。

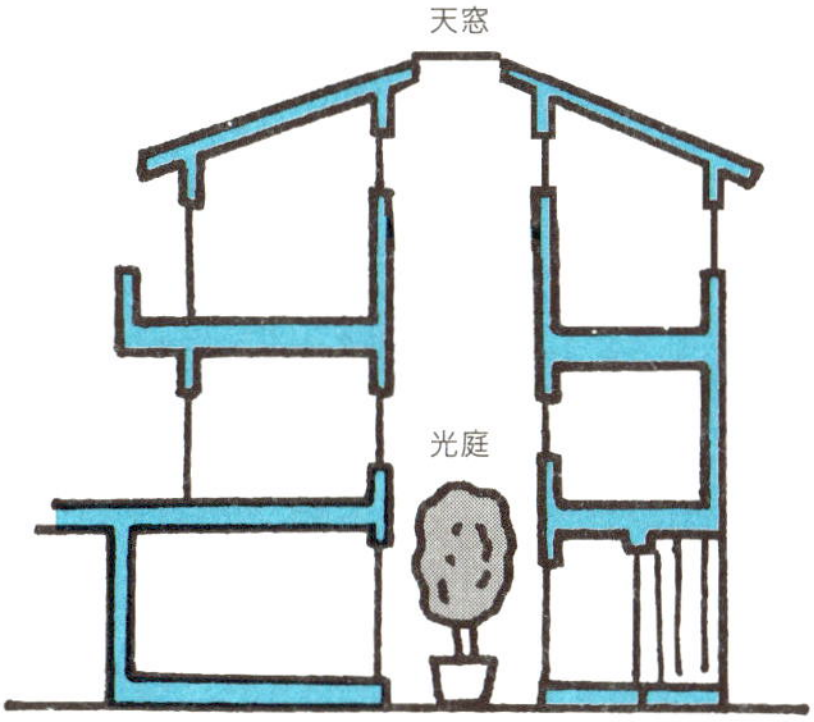


## 天窓で1階まで光を届ける

光を採り入れるために3階の屋根に天窓を設け、2階・3階を吹抜けにして1階まで光を届ける。天窓直下の1階部分は「光庭」として、小さい植物や庭石などをしつらえて眺める庭にするとゆとりが感じられる。

**3階建てには、**
**耐震性とコミュニケーションのしやすさを**
**保つ工夫が求められます。**

**佐川 旭**　AKIRA SAGAWA

一級建築士／女子美術大学非常勤講師／株式会社 佐川 旭建築研究所代表
1951年福島県生まれ。日本大学工学部建築学科卒業。「つたえる」「つなぐ」をテーマに、個人住宅から公共建築まで、幅広い実績を持つ。生活総合情報サイト「All About」の「家を建てる」ナビゲーターとしても活躍。設計管理をした岩手県紫波町立星山小学校が、2010年第13階木材活用コンクール特別賞と、うるおいのある教育施設（文部科学省）を受賞。著書に『家庭が崩壊しない間取り』（マガジンハウス）、『一戸建てはこうしてつくりなさい』（ダイヤモンド社）、『最高の住まいをつくる「間取り」の教科書』（PHP研究所）など多数。http://ie-o-tateru.com

# 住まいの思考図鑑

**豊かな暮らしと**
**心地いい間取りの仕組み**

2015年11月10日　初版第１刷発行

著　者　佐川 旭

発行者　澤井聖一

発行所　株式会社エクスナレッジ
〒106-0032 東京都港区六本木7-2-26

問い合わせ先　編集　Fax:03-3403-1345　info@xknowledge.co.jp
販売　Tel:03-3403-1321　Fax:03-3403-1829